NOWA JADŁONOMIA

Marta Dymek

NOWA JADŁONOMIA

ROŚLINNE PRZEPISY Z CAŁEGO ŚWIATA

MARGINESY

WSTĘP

Po niesamowicie ciepłym przyjęciu mojej pierwszej książki wciąż słyszałam pytania, kiedy pojawi się kolejna i o czym będzie. Przyznam szczerze, że te pytania bardzo mnie stresowały i odwlekałam początek prac jak tylko się dało. W pewnym momencie wręcz myślałam, że nie powstanie już żadna książka, bo oczekiwania są zbyt wysokie — o pomysł wciąż pytali mnie czytelnicy, producenci mojego programu kulinarnego, dziennikarze, a nawet mama. Żeby nie dać się tej presji, w każdej wolnej chwili uciekałam i oddawałam się swojej drugiej wielkiej pasji, czyli podróżom. Zjeździłam Wietnam i Tajlandię, zmarzłam w Korei, ucierałam pasty curry w Indiach, przejechałam całe Bałkany, zgrzałam się na targowiskach w Maroku i rozpływałam się nad świeżym awokado w Kalifornii. W sumie odwiedziłam ponad pięćdziesiąt krajów, a kulturę każdego z nich poznawałam od kuchni, podpatrując to, co interesuje mnie najbardziej — czyli kolejne sposoby na przygotowanie dobrze znanych warzyw. Ciekawiły mnie nowe przyprawy, nietypowe metody przyrządzania, popularne wegańskie potrawy, mało znane regionalne dania i wreszcie to, jak wyglądają stragany i targowiska. Podczas każdej podróży próbowałam setek rzeczy, spędzałam całe dnie na bazarach, notowałam inspirujące połączenia oraz spotykałam się z miejscowymi kucharzami, kucharkami i gospodyniami, wciąż szukając w nowych przepisach odpowiedzi na pytanie, o czym ma być moja kolejna książka. Aż nagle po miesiącach podróżowania i lęku zrozumiałam, że muszę po prostu napisać o tym, co inspiruje mnie najbardziej. Czyli właśnie o roślinnych przepisach z całego świata.

Podziękowania

Ta książka powstawała bardzo długo. Nie udałoby mi się jej skończyć, gdyby nie kilka osób, którym chciałabym tu podziękować.

Przede wszystkim dziękuję mojemu niezastąpionemu chłopakowi, Szymonowi Bonieckiemu, bez którego tej książki nie byłoby na pewno. To on towarzyszył mi w wielu podróżach, dzielnie znosząc to, że zamiast chodzić z nim na spacery, znowu biegam po restauracjach; spędzam dni na robieniu zdjęć warzywniaków; szukam ukrytych budek z ulicznym jedzeniem i obiecuję mu, że to już ostatni raz. To on po powrocie do Polski pozwolił mi na prawie pół roku zamienić nasze mieszkanie w fabrykę produkcyjną tej książki i pogodził się z tym, że jest regularnie wyrzucany z kuchni, bo ja po prostu zawsze coś tam robię. I wreszcie to on pomagał mi w każdym kryzysie; pocieszał, gdy ryczałam; cieszył się najbardziej ze wszystkich, gdy ja się cieszyłam, i zawsze mogłam na niego liczyć. Jest najlepszy, kocham go najbardziej na świecie i dziękuję za wszystko.

Dziękuję też moim drogim rodzicom, za to, że przez cały czas wspierali mnie samymi najlepszymi myślami. Emilii Obrzut za to, że jak zawsze miała same dobre intencje i została matką chrzestną tej książki. Pani Adriannie za to, że trochę postawiła mnie na nogi, a trochę wyciągnęła za uszy. A także wspaniałym osobom, które przy tej książce pracowały: Ewie Fligiel, która musiała wiele razy przekroczyć własne granice i chciała to dla mnie i tej książki zrobić; Dagmarze Stępień, która swoim zaangażowaniem i emocjami mogłaby obdzielić kilka osób; Hannie Grudzińskiej, która nigdy nie zawodzi i zawsze dotrzymuje słowa; Annie Pol, która potrafiła pomóc i poratować swoim wyczuciem, wiedzą i umiejętnościami oraz wreszcie Zuzie Rogatty, która stworzyła tę przepiękną książkę, miała do mnie anielską cierpliwość oraz jest autorką słów „a wy wszyscy zostaniecie weganami, zobaczycie". Ja też tak uważam i oby ta książka się do tego przyczyniła.

A na sam koniec tę książkę dedykuję też mojemu przyjacielowi Mateuszowi Wiśniarzowi. Bo jeśli ta książka się udała, to naprawdę wszystko jest możliwe.

KILOG
ตรวจสอบแล้ว
2559

ROŚLINNA PODRÓŻ PO ŚWIECIE

Kuchnia roślinna nie pochodzi z żadnego konkretnego kraju ani kontynentu — jest wszędzie, tak samo jak wszędzie są stragany i bazary z warzywami. Od wieków roślinne potrawy można spotkać pod każdą szerokością geograficzną, bez względu na temperaturę, klimat i wysokość nad poziomem morza. W końcu w każdej kuchni narodowej występują dania roślinne, przeplatające się z tymi mocno mięsnymi. Wegańskie jest zarówno meksykańskie guacamole, swojski barszcz z uszkami, malijski gulasz z masła orzechowego, jak i buraczane curry z cynamonem. Jeśli tylko się wie, gdzie patrzeć, w każdym kraju z łatwością można natknąć się na mnóstwo roślinnych przepisów, które otwierają oczy na niespotykane dotąd połączenia i pozwalają na nowo odkryć dobrze znane warzywa. Uwierzcie mi, że zjedzenie selera po chińsku nieskończenie rozwija kulinarną wyobraźnię.

Podróże przez stragany całego świata przypominają, że nawet nielubiane dotąd warzywa mogą się okazać przepyszne, jeśli tylko da się im szansę i przyprawi inaczej niż zwykle. Przedszkolną surówkę z marchwi można doprawić orzeszkami ziemnymi i ziarnami kolendry; nudną mizerię podkręcić olejem sezamowym i chili; tradycyjne młode ziemniaki podać po indyjsku z kuminem oraz gorczycą, a cukinię przerobić na pyszne ciasto cytrynowe. W każdym zakątku kuli ziemskiej te same warzywa doprawia się zupełnie inaczej, a jeśli skorzysta się z tej wiedzy, roślinne gotowanie nigdy się nie znudzi.

Wędrując po świecie, napotykamy nie tylko różne przyprawy, ale też techniki. W niektórych krajach kalafior wyłącznie gotuje się w wodzie, w innych zawsze piecze się go w piekarniku, a w jeszcze innych najchętniej jada na surowo.

Podczas gdy w wielu miejscach łodygę brokuła wyrzuca się do kosza, gdzie indziej ściera się ją na chrupiące surówki. Tu i tam ziarna ciecierzycy gotuje się i miksuje na gęsty hummus, a gdzie indziej przygotowuje się z nich mąkę, z niej zaś błyskawiczne naleśniki lub placki. Wraz z szerokością geograficzną kompletnie zmienia się podejście do każdej bulwy, korzenia, kłącza, strączka czy natki.

Wreszcie też dzięki podróży przez kuchnie świata można się przekonać, jak zróżnicowana i pełna smaków jest bezmięsna kuchnia. Przyglądając się przepisom z rozmaitych krajów, można w pełni zauważyć potencjał warzyw i docenić je jeszcze bardziej. Dowiedzieć się, jak je doprawić, żeby wydobyć ich słodycz; jak je przygotować, żeby podkreślić ich strukturę; co zrobić, aby najeść się nimi do syta, oraz jak naprawdę łatwo zmienić je w wyjątkowe śniadania, obiady, kolacje, a nawet desery. Nim się spostrzeżecie, okaże się, że roślinne potrawy są co najmniej równie smaczne i różnorodne jak mięsne.

Żeby wybrać się w roślinną podróż po świecie, nie trzeba kupować egzotycznych warzyw ani owoców. Niepotrzebne są też wymyślne sprzęty czy przybory. Wystarczy wybrać się na najbliższy bazar i kupić sezonowe, regionalne warzywa, a następnie skorzystać z niepospolitych przypraw oraz podpatrzonych w innych kuchniach technik. W zimie sięgnijcie po boczniaki i podajcie je z tajskim orzechowym curry, wiosną z polskich szparagów zróbcie koreańskie szaszłyki, latem ugotujcie węgierski gulasz z rozmaitych papryk, a jesienią z kolby kukurydzy przygotujcie meksykańską zupę. Nagle okaże się, że warzywa znane od dzieciństwa mogą pysznie zaskakiwać.

Aby codzienne roślinne gotowanie było coraz smaczniejsze, warto wyruszyć w każdą podróż — tę rzeczywistą, tę palcem po mapie i tę przez kartki *Nowej Jadłonomii*.

กาแฟสด
ข.นำโชค
10
สา

SPIŻARNIA

Każdy już chyba słyszał, jak ważne jest, aby w kuchni opierać się na sezonowych i regionalnych warzywach i owocach, bo egzotyczne są drogie i kiepskiej jakości, poddawane katuszom, dzięki którym mają wytrzymać długą drogę. Wiadomo, że nie warto kupować papai i że pomidory w styczniu nie mają za dużo smaku. W tej książce pokażę wam, jak z łatwo dostępnych sezonowych roślin przygotować zupełnie nowe potrawy. W końcu w inspirowaniu się kuchniami świata nie chodzi o to, żeby uganiać się po sklepach w poszukiwaniu warzyw z drugiego końca globu, kiedy na straganie pod domem leżą wspaniałe sezonowe jarzyny. Chodzi właśnie o to, żeby docenić skarby, które mamy pod nosem, i przygotować je w zupełnie nowy sposób.

Na początek warto uzupełnić domową spiżarnię o nowe przyprawy oraz suche składniki. Dobrze zaopatrzona półka z przyprawami to największe ułatwienie w kuchni — dzięki temu nawet nieciekawe resztki z lodówki można szybko zmienić w prawdziwą ucztę. Pomarszczone jabłka ugotować z garam masalą, zapomniane marchewki przerobić na słodki kompot, a zwiędniętą kapustę natrzeć gochugaru i przemienić w ostre kimchi. Dzięki przyprawom codzienne gotowanie jest szybsze, ciekawsze i nie marnuje się aż tylu produktów spożywczych.

Żeby wam ułatwić pracę, przygotowałam listę mniej znanych dodatków. Nie zrażajcie się, jeśli niektóre wydadzą się wam egzotyczne, nie trzeba się po nie wyprawiać w dalekie wojaże, każda z nich jest dostępna w Polsce — można zamówić je przez internet albo kupić w sklepach orientalnych i w dobrze zaopatrzonych sklepach ze zdrową żywnością. Na końcu znajdziecie listę moich ulubionych sklepów internetowych (s. 260). Nie musicie mieć wszystkich przypraw od razu, wystarczy stopniowo gromadzić te, które zainteresują was najbardziej. Przyprawy nie są dużą inwestycją, z reguły kosztują od kilku do kilkunastu złotych, a wystarczą na wiele miesięcy intensywnego gotowania. Kiedy już raz się w nie zaopatrzycie, będziecie mogli zawsze wyskoczyć do najbliższego zieleniaka, kupić kilka warzyw za drobne znalezione w kieszeni i dzięki zgromadzonym dodatkom zmienić je w coś niezwykłego.

Przyprawy

SOS SAMBAL OELEK

Ostry indonezyjski sos z papryczek chili. Tradycyjnie używa się go jako dodatku do zup z tamtej części świata, ale świetnie sprawdza się też wszędzie tam, gdzie potrzebne są suszone papryczki chili, które trudno kupić w Polsce. Sos można przechowywać w lodówce i wyciągać, kiedy macie ochotę na laksę (s. 133) lub massaman curry (s. 179) do których tradycyjnie używa się papryczek suszonych w całości, a następnie namoczonych we wrzątku. Przyda się też zawsze, gdy potrzebujecie świeżego chili — pół łyżeczki wystarczy, aby porządnie zaostrzyć ulubione curry, ryż, a nawet krem z pomidorów lub papryk. Do kupienia w supermarketach w dziale z żywnością orientalną. → **Kosztuje od 6 do 10 zł.**

NASIONA KOZIERADKI

Kozieradka to roślina strączkowa, której nasiona są popularną przyprawą w kuchni indyjskiej, lankijskiej oraz bliskowschodniej. Te twarde żółte nasionka mają intensywny, gorzkawy, orzechowy zapach, a po ugotowaniu uwalniają smak zbliżony do lubczyku. Nie kupujcie mielonych nasion, znacznie lepsze są te w całości, bo można je podprażyć i samodzielnie zmielić w młynku lub moździerzu. Przydadzą się do dalu (s. 57), indyjskiego falafela (s. 191) oraz mojego ulubionego curry buraczanego (s. 189). Do kupienia w sklepach zielarskich, ze zdrową żywnością, a czasem także w sklepach z żywnością orientalną. → **Kosztują od 3 do 5 zł.**

KUMIN

Inaczej kmin rzymski. To przyprawa pochodząca z Egiptu, a chociaż z nazwy przypomina nasz kminek, nie ma z nim wiele wspólnego. Kumin ma bardzo wyraźny aromat, ciężki, słodki i ciepły. Jest niezbędny w wielu daniach z Afryki i Azji, jak choćby w kremie z pietruszek i tahiny (s. 127). To zdecydowanie jedna z tych przypraw, o które warto wzbogacić swoją spiżarnię na samym początku, bo podkręci smak każdej zupy z soczewicy, gulaszu czy pieczonych warzyw. Można go kupić w supermarketach i lepiej zaopatrzonych sklepach. → **Kosztuje od 2 do 4 zł.**

PAPRYKA GOCHUGARU

Tajna broń kuchni koreańskiej. Ta niesamowita przyprawa łączy w sobie wszystkie paprykowe aromaty: jest lekko słodka, odrobinę wędzona i wyraźnie pikantna. Nie tak drobno zmielona jak sproszkowana papryka, ale też drobniejsza niż płatki chili. To królowa papryk, jej smak i konsystencja są nie do podrobienia. W Korei używa się jej zwłaszcza do kimchi (s. 257), ale też do zup (s. 141), surówki z porów (s. 97), a nawet mizerii (s. 91). Jeśli raz jej spróbujecie, prawdopodobnie uzależnicie się od niej na resztę życia i będziecie używać jej nawet do posypania kromki chleba, surówki z pomidorów, hummusu lub leczo. → **Dostępna przez internet, małe opakowanie kosztuje od 3 do 5 zł, bardzo często sprzedawana w półkilogramowych opakowaniach kosztujących około 25 zł.**

PIEPRZ SYCZUAŃSKI

Wbrew nazwie wcale nie należy do rodziny pieprzowatych. To ususzone łuski jagód żółtodrzewu pieprzowego, popularna przyprawa w chińskiej prowincji Syczuan. Ma charakterystyczny smak, zupełnie odmienny od czarnego pieprzu — znacznie mniej ostry, delikatnie cytrusowy i lekko gryzący. To nieodzowny dodatek w wielu chińskich i północnoazjatyckich daniach, takich jak seler kung pao (s. 183) lub mapo tofu (s. 181). Żeby wydobyć jego smak, najpierw ziarna należy uprażyć na gorącej patelni, a potem rozdrobnić w młynku lub moździerzu. Dobrze smakuje w połączeniu z pieczonymi warzywami oraz zimowymi gulaszami z dodatkiem strączków. Dostępny przez internet. → **Kosztuje od 3 do 6 zł.**

TRAWA CYTRYNOWA

Jedna z najważniejszych przypraw kuchni tajskiej i wietnamskiej, cudownie podkręci także smak zup kremów, curry, deserów oraz naparów. Na szczęście od niedawna z łatwością można ją kupić niemal wszędzie w Polsce, zarówno w delikatesach, dobrze zaopatrzonych sklepach, jak i w popularnych dyskontach z okazji tygodnia azjatyckiego. Zwykle pojawia się w trzech postaciach: świeżej, mrożonej lub suszonej. Najlepiej upolować świeżą trawę cytrynową, kupić większą ilość i zamrozić. Wtedy zawsze będziecie ją mieć pod ręką, żeby przygotować zielone curry (s. 175), moje ukochane massaman curry (s. 179) lub ostrą laksę (s. 133). Resztki trawy cytrynowej możecie wykorzystać do owsianek, jaglanek lub sporządzenia naparu (s. 243). → **Jedna łodyga kosztuje od 1 do 3 zł.**

CYNAMON

Pewnie wszyscy dobrze znacie cynamon i macie go w swoich kuchniach, więc co, u licha, robi na tej liście? Wspominam o nim, ponieważ prawdopodobnie nie macie lasek prawdziwego cynamonu, tylko jego mniej aromatyczną odmianę, czyli kasję — od lat sprzedawaną w Europie mniej pachnącą podróbkę cynamonu cejlońskiego. Jeśli nie jesteście pewni, lekko ściśnijcie laskę cynamonu: prawdziwy cynamon cejloński z łatwością pokruszy się w palcach na mnóstwo drobinek, podczas gdy kasja nie da się rozkruszyć ani nawet zbyt łatwo zetrzeć na tarce. Kruchość to nie jedyna różnica — cynamon cejloński pachnie i smakuje o niebo lepiej. Jest niesamowicie intensywny, wonny i słodki. Wystarczy szczypta, aby upiec najlepszą na świecie szarlotkę, podkręcić smak poczciwego piernika lub przygotować rozgrzewające curry buraczane (s. 189). W dodatku cynamon cejloński wcale nie jest dużo droższy od kasji, która leży na półkach supermarketów. → **W sklepach internetowych laska cynamonu cejlońskiego kosztuje mniej niż złotówkę.**

BAZYLIA TAJSKA

Odmiana bazylii popularna w Tajlandii oraz Wietnamie o słodkawym, anyżowym posmaku. Stanowi popularny dodatek do wielu smażonych warzyw, curry oraz zup. Nieodzowny element słynnego zielonego curry (s. 175) oraz wietnamskiej zupy pho (s. 137). Do kupienia w bardzo dobrych delikatesach z żywnością orientalną, a także w lepiej zaopatrzonych hipermarketach — jeśli gdzieś ją zauważycie, weźcie od razu dwie lub trzy doniczki i rozpocznijcie własną hodowlę na parapecie, wtedy zawsze będzie pod ręką. → **Kosztuje od 6 do 8 zł.**

LIŚCIE CURRY

Najpopularniejsza przyprawa w południowych Indiach oraz na pobliskiej Sri Lance. Została nazwana tak przez Anglików, ponieważ liście curry były niezwykle ważnym składnikiem sosów oraz potrawek zwanych po tamilsku *kari*. Nie mają jednak nic wspólnego z mieszanką przypraw zwaną curry. Ich wyraźny, sosnowo-cytrusowy aromat nieporównywalny jest z żadną inną rośliną. Niezbędne do ugotowania dalu (s. 57) oraz usmażenia indyjskich falafeli (s. 191), sprawdzą się też w każdym daniu z kuminem, kolendrą, gorczycą lub kozieradką. Suszone można kupić w wielu sklepach internetowych oraz orientalnych. → **Kosztują od 5 do 10 zł.**

SUSZONE GRZYBY SHIITAKE

Podczas gdy nasze babcie od wieków używały suszonych borowików, aby wprowadzić piąty smak do zup i sosów, w Azji podobną rolę odgrywają suszone grzyby shiitake. Są nieco delikatniejsze od polskich grzybów leśnych, a także tańsze i mają ciekawszą strukturę. Wrzucając kilka sztuk do włoszczyzny, możecie zrobić wspaniały bulion, dodając parę sztuk do każdego gulaszu, wyniesiecie jego smak na nowy poziom, a rozdrabniając je w młynku do kawy, otrzymacie wielofunkcyjną przyprawę grzybową, dzięki której można przygotować domowy bulion w proszku (s. 252). Świetny dodatek do bezmięsnej zupy pho (s. 137), podstawa mapo tofu (s. 181), a w kryzysowej sytuacji sprawdzą się też dodane do bigosu. Do kupienia w sklepach z żywnością orientalną. → **Kosztują od 12 do 20 zł.**

WĘDZONA PAPRYKA

Pochodzący z Hiszpanii nieodzowny dodatek w spiżarni każdego roślinożercy. Wędzona papryka wyglądem przypomina popularną słodką paprykę — jest to papryka suszona, a następnie wędzona i proszkowana. Odróżnia ją jednak niesamowity dymny aromat, który sprawia, że bezmięsne dania nabierają mięsnego i grillowego charakteru. Spora szczypta podkręci smak gulaszu węgierskiego (s. 169), przyda się do zrobienia obłędnego kokosowego bekonu (s. 61), a także do leczo, fasolki po bretońsku i innych pomidorowych potraw jednogarnkowych. Do kupienia w każdym dużym sklepie, jednak najlepsza jest ta sprzedawana w metalowych puszkach w delikatesach lub przez internet. → **W zależności od wielkości i jakości kosztuje od 2 do 15 zł.**

NASIONA FENKUŁU

Fenkuł, zwany koprem włoskim, jest wszechstronnie wykorzystywany w kuchni włoskiej i francuskiej. Natomiast w Azji oraz Afryce znacznie chętniej sięga się po jego nasiona, które mają przyjemny, słodkawy, orzeźwiający i lekko anyżowy posmak. Obowiązkowy dodatek do zupy pho (s. 137) oraz malijskiego gulaszu z masłem orzechowym (s. 173), przydadzą się też do domowej mieszanki masala chai (s. 239). Do kupienia w sklepach zielarskich, ze zdrową żywnością, a czasem także w sklepach z żywnością orientalną. → **Kosztują od 3 do 5 zł.**

CZARNA LUB BRĄZOWA GORCZYCA

W Polsce najlepiej znana jest postać jasnożółtych ziarenek, tymczasem intensywniejsze w smaku są te ciemniejsze. Najostrzejsza jest gorczyca czarna, nieco łagodniejsza jest odmiana brązowa — obydwie często się smaży i dodaje do indyjskich zup, sosów i gulaszy. Nadają niesamowitą ostrość i ognistość wszystkim daniom, na przykład indyjskim młodym ziemniakom (s. 81) lub paście z fasoli z rodzynkami (s. 51). Można również podsmażyć je na odrobinie oleju i używać do dressingów albo jako dodatek do upieczonych marchewek i dyni. Dorzucone do słoika kiszonych ogórków też potrafią nieźle nabroić! Do kupienia w sklepach orientalnych i przez internet. → **Kosztuje od 2 do 5 zł.**

PŁATKI DROŻDŻOWE

Magiczna przyprawa dobrze znana weganom i weganKom w Polsce. Pisałam o niej dużo w poprzedniej książce oraz na blogu, ponieważ przydaje się zawsze gdy chcemy nadać potrawom wyraźny serowy aromat. Płatkami można posypać każdy włoski makaron (s. 155), niezbędne są też do przygotowania lasagne (s. 163). Ale tak naprawdę można posypać nimi każdą sałatkę, kanapkę, pieczone warzywa czy zupę krem — lub po prostu dodać je wszędzie tam, gdzie mielibyście ochotę dorzucić trochę startego parmezanu. Do kupienia w sklepach ze zdrową żywnością lub przez internet. → **Kosztują od 10 do 15 zł.**

Suche składniki

RYŻ KLEJĄCY

Charakteryzuje go duża kleistość po ugotowaniu, najczęściej używany jest do deserów, dlatego też czasem nazywa się go „słodkim ryżem". Przyda się, jeśli chcecie samodzielnie zrobić słynny tajski deser sticky rice (s. 213), który jest tak pyszny, że uwierzcie mi — chcecie go zrobić. Do kupienia w sklepach z żywnością orientalną. **→ Kosztuje od 12 do 20 zł za kilogram, co wystarczy na kilkadziesiąt porcji deseru.**

MĄKA Z CIECIERZYCY

To sproszkowana suszona ciecierzyca, która ma setki zastosowań, ponieważ skleja ciasta tak jak jajka, a także dodaje chrupkości panierkom. Można jej dosypać do placków ziemniaczanych (s. 69), dzięki czemu będą zwarte i jeszcze bardziej chrupiące, lub dodawać do panierek kotletów, pulpetów i burgerów (s. 99). **→ Do kupienia w sklepach ze zdrową żywnością albo do zrobienia samodzielnie w domu, wystarczy garść ciecierzycy wsypać do młynka i zmielić.**

PŁATKI KOKOSA

Znacznie smaczniejsza wersja popularnych wiórków kokosowych. To duże, cienkie i bardzo chrupiące kawałki suszonego miąższu, zwane też czasem czipsami kokosowymi. Przydadzą się do owsianek, jaglanek, ciast, ciasteczek i budyniów, a także do przygotowania obłędnego kokosowego bekonu (s. 61). Tak, tak, nie przywidziało się wam: kokosowy bekon. Może brzmi dziwnie, ale uwierzcie mi — jego smak uzależnia. Do kupienia w każdym większym supermarkecie. **→ Kosztują od 8 do 12 zł.**

Pozostałe

OLEJE TŁOCZONE NA ZIMNO

Zachowują smak, zapach, barwę oraz wartości odżywcze odpowiednie dla danego surowca, czyli po prostu są bardzo zdrowe oraz mają intensywny aromat składnika, z którego powstały. W przeciwieństwie do olei rafinowanych nie wolno ich jednak podgrzewać. Świetnie sprawdzą się jako dodatek do surówek, sałatek, a kilka kropel na wierzchu ulubionej zupy nierzadko zmienia ją nie do poznania. Do moich ulubionych należy oliwa extra vergine, olej lniany oraz mój ukochany olej sezamowy, który zmienia pory w niezapomnianą ucztę (s. 97), a zwyczajną mizerię w podróż do Korei (s. 91). → **Ich ceny oczywiście też się różnią w zależności od jakości oraz surowca.**

OLEJ DO SMAŻENIA

Do smażenia należy używać olei, które dobrze znoszą wysokie temperatury, czyli mają wysoki punkt dymienia — olej o niskim punkcie dymienia na patelni po prostu zacznie się palić, stanie się niesmaczny lub wręcz szkodliwy. Punkt dymienia zależny jest od dwóch czynników: po pierwsze, od surowca, z którego olej jest wyciśnięty, a po drugie, od metody jego produkcji. Zdecydowanie ważniejsze jest to drugie, dlatego na chwilę skupmy się na tym, jakie są dwie najważniejsze metody produkowania olei: tłoczenie na zimno oraz tłoczenie na gorąco, którego elementem jest rafinowanie. W procesie rafinacji oleje tracą swój smak, aromat oraz większość wartości odżywczych, jednak podnosi się ich punkt dymienia, czyli stają się zdatne do smażenia. Moje ulubione oleje do smażenia to olej z pestek winogron, olej ryżowy oraz wyjątkowy olej kokosowy — nawet tłoczony na zimno wytrzymuje wysokie temperatury i można z powodzeniem używać go do smażenia oraz pieczenia. **→ Ceny olejów wahają się w zależności od opakowania, jakości oraz surowca.**

SOS SOJOWY

Jeden z najstarszych na świecie sosów przyprawowych i z całą pewnością najważniejszy sos w Azji. Tak się składa, że kuchnia wegańska również go pokochała. Powstaje on dzięki długiej fermentacji soi, która następnie jest filtrowana. W każdym azjatyckim kraju istnieje wiele rodzajów sosu, które różnią się od siebie stopniem słoności, słodyczą, gęstością oraz intensywnością smaku. Najpopularniejsze w Polsce są sosy sojowe japońskiego typu, czyli rzadkie i słone, dlatego też sama takich używam. Coraz większą popularność zdobywa również sos tamari, czyli odmiana japońskiego sosu sojowego wyróżniająca się tym, że wytwarza się ją bez użycia pszenicy, dzięki czemu w sposób naturalny jest bezglutenowa. Ale do rzeczy: dlaczego sos sojowy jest tak ważny w bezmięsnej kuchni? Ponieważ to naturalny eliksir piątego smaku umami, czyli tego, czego w kuchni roślinnej może nam brakować, bo dużo jest go w długo dojrzewających serach oraz suszonych wędlinach. Właśnie dlatego warto mieć sos pod ręką, kiedy przygotowuje się niemal wszystkie potrawy, niezależnie od kraju ich pochodzenia. Kilka kropel przyda się zarówno do pasztetu, do bigosu, jak i do rosołu (s. 115), do zielonego curry (s. 175) oraz do zupy kimchi (s. 141). Zainwestujcie koniecznie w ten, który jest naturalnie warzony, a nie składa się z mieszanki glutaminianu sodu i barwników. → **Koszt lepszego sosu sojowego nie jest w końcu aż taki wysoki, kupicie go już za mniej więcej 15 zł.**

MLECZKO KOKOSOWE

Podstawowy składnik dań kuchni Azji Południowo-Wschodniej, niezwykle przydatny w wegańskim gotowaniu. Dzięki tłustej, kremowej konsystencji jest bazą wielu wspaniałych zup i curry, a także umożliwia przygotowanie niesamowitych słodyczy, bo z powodzeniem zastępuje śmietankę kremówkę. Ponieważ jest produktem tak istotnym, najlepiej kupować je jak najlepszej jakości — bez syntetycznych dodatków i konserwantów, za to z dużą ilością prawdziwego kokosa. Szukajcie mleczka w puszkach pochodzącego z Tajlandii i zawsze czytajcie skład. Do kupienia w każdym markecie. → **Kosztuje od 7 do 12 zł.**

I pamiętajcie, że kiedy piszę o jednej puszce mleczka kokosowego, mam na myśli standardową dużą puszkę, czyli 400 ml.

PASTA MISO

Pochodząca z Japonii pasta pełna białka, witamin, soli mineralnych i piątego smaku. Podobnie jak sos sojowy, jest wprost napakowana umami. Podkręci smak sosu bolognese (s. 155), no i jest niezbędna do przygotowania bakłażanów po japońsku (s. 93). Możecie też z powodzeniem używać jej zamiast soli do zup, wkładając łyżeczkę pasty do gorącej miseczki z gotowym daniem. Istnieje mnóstwo rodzajów miso, różnią się one intensywnością, słonością oraz kolorem, dlatego dobrze miso dodawać stopniowo, aby nie przesadzić. Na początek kupcie jasną pastę miso, czyli *shiromiso*, a potem możecie zacząć eksperymenty z tymi ciemniejszymi. Do kupienia w sklepach z żywnością orientalną. → **Kosztuje od 10 do 30 zł, w zależności od gatunku.**

SPRZĘTY KUCHENNE

BLENDER RĘCZNY

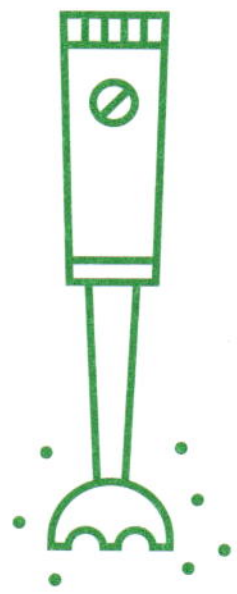

To blender z ostrzem umieszczonym na długiej końcówce, dzięki której nazywany jest żyrafą. Najbardziej uniwersalny rodzaj blendera, umożliwia miksowanie niemal wszystkich składników. Bardzo dobrze mieć model, do którego jest dołączone wysokie plastikowe naczynie — ułatwia ono pracę, bo w nim składniki blendują się znacznie dokładniej. Przyda się do zrobienia dań od bezglutenowych naleśników (s. 53), przez turecką soczewicową (s. 125), do babki pomidorowej (s. 199).

KUBECZEK BLENDERA Z MAŁYM OSTRZEM

Najczęściej jest to dostawka do blendera ręcznego. Bardzo się przydaje w kuchni i służy do rozcierania małych ilości składników. To właśnie w nim najszybciej zrobicie chociażby karmel z daktyli (s. 37) lub każdą pastę do chleba oraz pesto.

MŁYNEK DO KAWY

To niepozorne urządzenie przyda się każdemu, kto lubi odkrywać nowe smaki, a nie chce wydawać kilkuset złotych na zaawansowane urządzenia. Zmieli wszystkie suche składniki, takie jak ciecierzyca lub ryż; pomoże przygotować domowe mieszanki przypraw (s. 59) i rozdrobni najtwardsze składniki do pasty curry (s. 175). W dodatku zajmuje niewiele miejsca i o ile nie będziecie do niego wkładać mokrych składników, okaże się naprawdę niezniszczalny.

MIARY KUCHENNE

Dobrze odmierzone składniki to początek każdego udanego przepisu. Lata prowadzenia bloga, programów kulinarnych oraz tworzenia przepisów dla magazynów utwierdziły mnie w przekonaniu, że to właśnie źle odmierzone składniki są przyczyną największej liczby potknięć w kuchni. W końcu szklanka szklance nierówna, a odmierzanie na oko części szklanki naprawdę bywa zawodne. Dlatego zamiast złościć się na niewyrośnięte ciasto oraz martwić tym, że pasztet jest zbyt płynny, kupcie zwyczajne kuchenne miarki. Dzięki nim gotowanie stanie się bezstresowe, a potrawy zaczną wychodzić lepiej. Miarki znajdziecie w każdym sklepie z akcesoriami kuchennymi, ich koszt zaś to maksymalnie 20 zł. I zapewniam was, że jest to najlepiej wydane 20 zł w kuchni.

1 SZKLANKA	=	250 ML	=	16,5 ŁYŻKI
1/2 SZKLANKI	=	125 ML	=	8 ŁYŻEK
1/3 SZKLANKI	=	80 ML	=	6 ŁYŻEK
1/4 SZKLANKI	=	60 ML	=	4 ŁYŻKI

CZEKOLADOWA GRYCZANKA

WYPASIONA OWSIANKA Z KOPENHAGI

BURACZANA GRANOLA

PAPRYKARZ JAGLANY

MUSZTARDOWA PASTA Z DYNI

SMALEC Z PORÓW I GRUSZEK

FAUX GRAS

TAPENADA Z FIG I OLIWEK

PASTA Z BIAŁEJ FASOLI Z RODZYNKAMI

WIETNAMSKIE NALEŚNIKI BEZGLUTENOWE

CONGEE

ŚNIADANIOWY DAL Z SOCZEWICY

JABŁKOWA RYŻANKA GARAM MASALA

AWOKADO Z KOKOSOWYM BEKONEM

MASŁO DYNIOWE

ŚNIADANIA

CZEKOLADOWA GRYCZANKA

Zdarzają się takie dni, kiedy wstanie z łóżka jest trudniejsze niż zwykle. Z reguły są to poniedziałki lub dowolny grudniowy poranek, kiedy za oknem jest tak ciemno, że trudno znaleźć w sobie siłę, aby zrobić cokolwiek innego niż ponownie przykryć się kołdrą. Wtedy często jedynym ratunkiem okazuje się myśl o naprawdę dobrym, rozpustnym śniadaniu — takim jak czekoladowa gryczanka.

NA 2 PORCJE:

½ szklanki kaszy gryczanej, niepalonej

¾ szklanki wody

10 suszonych daktyli, bez pestek

- sól

½ szklanki mleka roślinnego

2 łyżki kakao

1 łyżka masła orzechowego

DO PODANIA:

- ulubione owoce, bakalie, orzechy, powidła

1. Kaszę gryczaną opłukać dwa razy pod bieżącą wodą. Daktyle posiekać i wrzucić do małego rondelka wraz z kaszą, wodą oraz szczyptą soli. Gotować na małym ogniu pod przykryciem przez 12–15 minut. Kaszy nie mieszać, a jedynie w razie potrzeby wbić w środek widelec, aby sprawdzić, czy wchłonęła całą wodę — odkrywanie i mieszanie sprawia, że woda nadmiernie odparowuje, a kasza się przypala.
2. Kiedy kasza wchłonie całą wodę, do rondelka dodać mleko roślinne, kakao oraz masło orzechowe i dokładnie wymieszać. Gotować bez pokrywki na małym ogniu ostatnie 4–5 minut, co jakiś czas mieszając.
3. Gorącą gryczankę przełożyć do miseczek, podawać z ulubionymi owocami, orzechami lub powidłami. Dobrze smakuje na zimno, dlatego śmiało można zabierać ją ze sobą w charakterze drugiego śniadania.

Zamiast kakao i masła orzechowego możecie dodać do gryczanki kilka kostek gorzkiej czekolady, najlepiej zrobić to na samym końcu, żeby kasza się nie przypaliła. Oczywiście kaszę gryczaną również możecie zamienić na tę, którą macie pod ręką.

WYPASIONA OWSIANKA Z KOPENHAGI

To właśnie w Kopenhadze kilka lat temu powstał Grod, czyli restauracyjka, która jest prawdziwą stolicą owsianki. Można tam zjeść owsianki ze wszystkiego i ze wszystkim, ale prawdziwym przebojem jest wspaniały karmelowy sos, który sprawia, że każdą miseczkę ma się ochotę wylizać. Dlatego postanowiłam przygotować własną wersję tego sosu — znacznie zdrowszą i szybszą, bo zrobioną nie z cukru, a z daktyli. Wystarczy ukręcić go raz, a potem trzymać w lodówce i dodawać do każdego, nawet najnudniejszego śniadania.

NA 2 PORCJE:

DAKTYLOWY KARMEL:

- 20 suszonych daktyli, bez pestek
- 1 łyżeczka soku z cytryny
- 2 łyżki masła orzechowego
- ⅓ łyżeczki soli

OWSIANKA:

- ½ szklanki płatków owsianych
- 1 szklanka wody
- szczypta soli
- ⅓–½ szklanki mleka roślinnego

DO PODANIA:

- sezonowe owoce, ulubione suszone owoce, ulubione orzechy lub inne zachomikowane w szafkach dodatki

1. W czajniku zagotować wodę. Daktyle wsypać do kubka, zalać wrzątkiem i pozostawić do namoczenia na przynajmniej 10–15 minut. Uwaga! Wodę po moczeniu daktyli należy zachować.
2. Do rondelka wsypać odmierzone płatki owsiane, dodać szklankę wody oraz szczyptę soli i gotować na minimalnym ogniu bez przykrycia przez 5–8 minut, starając się jak najmniej mieszać.
3. Wrócić do namoczonych daktyli. Odcedzić je na sitku i odmierzyć ½ szklanki wody, w której się moczyły. Daktyle włożyć do kubeczka blendera z małym ostrzem. Dodać sok z cytryny, sól oraz masło orzechowe i zblendować na gęsty krem. Następnie stopniowo dolewać słodkiej wody z moczenia, do momentu aż sos osiągnie odpowiednią konsystencję.
4. Do owsianki dodać tyle mleka roślinnego, aby nadać jej przyjemną gęstość. Zamieszać trzonkiem łyżki i gotować ostatnią minutę lub dwie. Gorące danie nakładać do miseczek i podawać z dużą łychą daktylowego karmelu oraz pozostałymi dodatkami.

Do daktylowego karmelu należy dodać odrobinę soku z cytryny, tylko tyle, aby przełamać lepkość daktyli, ale żeby kwaśny smak nie był wyczuwalny. Za to śmiało możecie podkręcić sos łyżką kakao, szczyptą chili, cynamonem lub przyprawą garam masala. Trzymajcie go w lodówce — jeśli nikt go nie zje, wytrzyma kilka tygodni.

BURACZANA GRANOLA

Domowe granole to jedne z najbardziej popularnych przepisów na moim blogu, dlatego zrobiłam ich w życiu naprawdę wiele: z czekoladą, z kawą, z chili, a nawet z przyprawą pięciu smaków oraz curry. Jednak ta bije na głowę wszystkie pozostałe. Jest chrupiąca, lekko słodka i przyjemnie cynamonowa. Oraz — uprzedzając wasze pytanie — nie, naprawdę nie czuć buraka.

NA 1 DUŻY SŁOIK:

- ½ szklanki orzechów włoskich
- ¼ szklanki migdałów
- ¼ szklanki ziaren słonecznika
- 2 ½ szklanki płatków owsianych

- 3 łyżki oleju kokosowego, płynnego
- 5 łyżek purée z pieczonego buraka
- 2 łyżki syropu z agawy
- ¾ łyżeczki cynamonu
- ⅓ łyżeczki chili — pieprzu cayenne
- ¼ łyżeczki soli

- ½ szklanki suszonej żurawiny
- ½ szklanki suszonych wiśni

1. Piekarnik rozgrzać do 180°C. Orzechy oraz migdały posiekać z grubsza, po czym wymieszać w dużej misce ze słonecznikiem i płatkami owsianymi.
2. W małej misce za pomocą trzepaczki połączyć wszystkie pozostałe składniki z wyjątkiem suszonych owoców. Uzyskaną gęstą, lśniącą emulsję przelać do miski z granolą. Bardzo dokładnie wymieszać, a następnie masę przełożyć na blachę wyłożoną papierem do pieczenia.
3. Piec przez 15–18 minut, w tym czasie dwa razy przemieszać granolę. Na koniec wystudzić, połączyć z suszonymi owocami i trzymać w szczelnym słoju. Jeść z mlekiem roślinnym, koktajlem owocowym albo chrupać bez żadnych dodatków.

Zawsze kiedy pieczecie coś w piekarniku, dorzućcie do środka wyszorowanego buraka owiniętego w folię aluminiową (niech się piecze jakieś 30 minut). Potem trzymajcie go w lodówce i odkrawajcie plasterki na kanapki, siekajcie w kostkę i dorzucajcie do sałatek lub zmiksujcie blenderem na purée, którego użyjecie do tego przepisu.

PAPRYKARZ JAGLANY

Obecnie paprykarz nie cieszy się wielkim powodzeniem. Trudno się zresztą dziwić, skoro wszystkim wciąż kojarzy się z niezbyt kusząco pachnącymi rybnymi konserwami, które wymyślono w Szczecinie w latach sześćdziesiątych. Jednak w wersji wegańskiej to jedna z najszybszych, najtańszych i najprostszych past do chleba, a także doskonały sposób na recykling zapomnianej w lodówce resztki ugotowanej kilka dni wcześniej jaglanki.

NA 1 DUŻY SŁOIK:

- 2 marchewki
- ¼ małego selera korzeniowego (150 g)
- 1 cebula
- 2 liście laurowe
- 2 ziarna ziela angielskiego
- 2 ziarna czarnego pieprzu
- olej do smażenia

- 3 łyżki koncentratu pomidorowego
- 1 łyżeczka wędzonej papryki
- ½ łyżeczki słodkiej papryki
- ½ łyżeczki ostrej papryki
- 1 łyżeczka sosu sojowego
- ½ szklanki wody
- ½ łyżeczki soli

- ½ szklanki ugotowanej kaszy jaglanej (¼ szklanki suchej)
- 1 łyżeczka pasty miso
- sól i czarny pieprz

1. Marchewkę oraz selera zetrzeć na grubych oczkach tarki, cebulę pokroić w drobną kostkę. Na patelni rozgrzać olej, dodać warzywa oraz liście laurowe, ziele angielskie i pieprz. Smażyć na średnim ogniu przez 3 minuty, zdjąć z ognia, przyprawy wyłowić i wyrzucić.
2. Do pozostałych na patelni warzyw dodać koncentrat pomidorowy, wszystkie rodzaje papryki, sos sojowy, sól oraz wodę i dusić przez 8–10 minut.
3. Miękkie warzywa przełożyć do dużej miski, dodać kaszę jaglaną oraz pastę miso. Dokładnie wymieszać, pilnując, aby kasza jaglana nie zbiła się w grudki. Doprawić do smaku solą i pieprzem, przechowywać w lodówce do 10 dni i jeść na kanapkach z kiszonym ogórkiem lub pomidorem.

Do oryginalnego paprykarza używano ryżu. Dlatego jeśli w lodówce zalega wam nie kasza jaglana, a właśnie ryż, komosa, kasza jęczmienna lub gryczana, śmiało, użyjcie ich. Jeśli macie wątpliwość, jak ugotować kaszę jaglaną, najprościej zrobić to tak: 1 szklankę kaszy jaglanej dwukrotnie przelać wrzątkiem. Następnie kaszę przełożyć do małego rondelka, dodać 2 szklanki wody oraz szczyptę soli. Garnek przykryć i gotować kaszę na minimalnym ogniu przez 15–20 minut i co najważniejsze: w trakcie nie mieszać. Jeśli bardzo was korci, żeby sprawdzić, czy kasza wchłonęła całą wodę, delikatnie wbijcie w nią trzonek widelca, ale nie mieszajcie. Po tym czasie wyłączyć ogień i kaszę pozostawić pod przykryciem.

MUSZTARDOWA PASTA Z DYNI

Kiedy nagrywaliśmy trzeci sezon mojego programu kulinarnego, wraz z całą ekipą przez dwa tygodnie gościliśmy w cudownym Pokrzywniku. Codziennie jedliśmy tam śniadania, obiady i kolacje, a przebojem wyjazdu była tajemnicza pasta z dyni. Wszyscy nieustannie błagali panią domu o przepis, ale pozostała niewzruszona. Nie miałam więc wyjścia i wspominając smak tamtego smarowidła, przyrządziłam własne.

NA 1 DUŻY SŁOIK:

- 3 szalotki
- oliwa z wytłoczyn

- 2 ½ szklanki purée z dyni hokkaido (1 upieczona dynia hokkaido, s. 258)
- 2–3 łyżki soku z cytryny
- 2 łyżki musztardy francuskiej
- 2 łyżki natki pietruszki, drobno posiekanej
- ½ łyżeczki słodkiej papryki
- ½ łyżeczki ostrej papryki
- ½ łyżeczki wędzonej papryki
- ¼ łyżeczki płatków chili
- sól i czarny pieprz

1. Szalotki obrać i pokroić w kostkę. Na patelni rozgrzać kilka łyżek oliwy, wrzucić szalotki i smażyć na średnim ogniu przez 3 minuty, czyli do momentu, aż staną się szkliste i miękkie.
2. Do dużej miski włożyć pozostałe składniki, dodać podsmażoną szalotkę i dokładnie wymieszać. Na koniec doprawić solą oraz pieprzem do smaku i jeść na kanapkach z ulubionymi dodatkami. Przechowywać w lodówce do 10 dni.

Nie próbujcie zastępować dyni hokkaido inną odmianą — purée z innych dyń będzie stanowczo za rzadkie. Możecie za to spróbować zamiast dyni sięgnąć po marchewkę, bataty albo mieszankę jednych i drugich — wtedy jednak dodajcie odrobinę więcej musztardy oraz soku z cytryny. A wskazówki, jak zrobić purée, znajdziecie na s. 258.

SMALEC Z PORÓW I GRUSZEK

Nie ma już chyba wielu wegetarian i wegan, którzy nie słyszeli o smalcu z fasoli. Pisałam o nim na blogu lata temu, opowiadałam o nim w programie oraz oczywiście przepisem podzieliłam się w poprzedniej książce. Dlatego z sentymentu do tej pasty mam dla was kolejną wersję — z porem, gruszką i czarnuszką.

NA 1 DUŻY SŁOIK:

- 1 por, tylko jasna część
- 1 gruszka
- 2 liście laurowe
- 2 goździki
- 1 ziarno ziela angielskiego
- 1–1 ½ łyżeczki czarnuszki
- 4 łyżki oleju do smażenia

- 1 puszka białej fasoli (¾ szklanki fasoli suchej, do namoczenia i ugotowania)
- 2 łyżki wody
- 1–2 łyżki sosu sojowego
- ½ łyżeczki tymianku, suszonego
- ½ łyżeczki majeranku, suszonego
- sól i czarny pieprz

1. Pora przekroić wzdłuż na pół i pokroić w półtalarki. Gruszkę obrać i pokroić w drobną, maksymalnie półcentymetrową kostkę. Następnie na patelni rozgrzać olej, dodać pora, gruszkę, liście laurowe, goździki, ziele angielskie oraz czarnuszkę i podsmażać na bardzo małym ogniu przez 8–12 minut, do momentu aż pory będą lekko złote i bardzo miękkie.
2. W tym czasie w kubeczku blendera zmiksować pozostałe składniki. Z miękkich porów wyłowić wszystkie przyprawy oprócz czarnuszki, dodać całość do zblendowanej fasoli i dokładnie, ale delikatnie wymieszać. Na koniec doprawić do smaku solą. Przechowywać w lodówce do 10 dni.

W odróżnieniu od klasycznego wegańskiego smalcu z jabłkiem i cebulą, który najlepiej jeść z kiszonym ogórkiem, smalec z porami lepiej smakuje z marynowanymi grzybkami, patisonami oraz innymi, nieco bardziej dystyngowanymi dodatkami.

FAUX GRAS

Foie gras **to bardzo niewegański francuski pasztet ze stłuszczonych wątróbek. Brrr. Poniżej za to znajdziecie przepis na faux gras, bo przymiotnik *faux* oznacza po francusku „fałszywy". Z oryginałem łączą go przyprawy, aromat brandy oraz to, że świetnie smakuje z bagietką. Długo dopracowywałam tę recepturę, aby dzięki temu, że jest taka wyśmienita, ktoś czasem zamiast pierwowzoru zdecydował się przygotować tę wersję.**

NA 1 DUŻY SŁOIK:

- 150 g pieczarek
- olej do smażenia

- 5 szalotek
- 1 łyżeczka syropu z agawy
- 1 liść laurowy
- 1 gałązka rozmarynu
- 1 łodyżka tymianku

- ¼ szklanki whiskey lub brandy

- 1 szklanka suchej soczewicy, brązowej lub zielonej
- 4 grzyby, suszone
- 2–2 ¼ szklanki wody

- ½–¾ szklanki mleka roślinnego
- 2 łyżki oliwy, dowolnej
- 2 łyżki natki pietruszki, posiekanej
- 1 łyżka sosu sojowego
- 1 łyżka octu balsamicznego
- 1 łyżka whiskey lub brandy
- szczypta gałki muszkatołowej
- sól i czarny pieprz

1. Pieczarki umyć albo oczyścić wilgotnym ręcznikiem papierowym i pokroić w plasterki; szalotki przekroić na pół i pokroić w półplasterki.
2. Na dużej patelni mocno rozgrzać olej, dodać pieczarki i podsmażać przez 3 minuty, mieszając jak najrzadziej.
3. Dodać pokrojone szalotki wraz z syropem z agawy, liściem laurowym, rozmarynem oraz tymiankiem. Smażyć przez kolejne 3 minuty.
4. Wlać ¼ szklanki whiskey, zwiększyć ogień i pozwolić alkoholowi odparować. Po tym czasie wyłowić liść laurowy, rozmaryn oraz tymianek.
5. Dodać soczewicę, grzyby suszone oraz wodę i przykryć. Gotować pod przykryciem na małym ogniu do czasu, aż soczewica wchłonie wodę i będzie miękka, czyli przez 25–30 minut.
6. Tak przygotowaną soczewicę przełożyć do miski lub wysokiego naczynia blendera i zblendować na gęstą pastę. Dodać pozostałe składniki i ponownie zmiksować, dolewając w razie potrzeby więcej mleka lub oliwy. Doprawić solą oraz sporą ilością pieprzu. Przechowywać w lodówce do 14 dni.

Najważniejsze w tym przepisie jest odpowiednie przygotowanie pieczarek. Przede wszystkim nie pozwólcie im zbyt długo moczyć się w wodzie, tylko myjcie je szybko i sprawnie, aby nie namokły. Następnie naprawdę bardzo dobrze rozgrzejcie olej i po wrzuceniu pieczarek nie mieszajcie ich prawie wcale. Dzięki temu zrobią się złociste, soczyste, a ich smak będzie wyrazisty i intensywnie grzybowy. Jeśli trudno wam opanować chęć mieszania na patelni, możecie francuskim zwyczajem nalać sobie kieliszek alkoholu na uspokojenie. Działa i naprawdę dobrze pasuje do faux gras.

TAPENADA Z FIG I OLIWEK

Wszyscy pewnie dobrze znają klasyczną tapenadę, czyli pastę z czarnych oliwek, która pochodzi z Prowansji. Ma mnóstwo wersji, czasem są w niej smażone bakłażany, czasem anchois, a czasem też chlust brandy. Jednak moja ulubiona wariacja to ta, w której słony smak oliwek przełamany jest słodkimi, lepkimi suszonymi figami. Och, na samą myśl mam ochotę biec po oliwki i figi!

NA 1 DUŻY SŁOIK:

- 4 suszone figi
- 1 szklanka gorącej wody

- 1 ½ szklanki czarnych oliwek, bez pestek
- ¼ szklanki orzechów włoskich
- 1–2 łyżki soku z cytryny
- 1 łyżeczka kaparów
- ½ ząbka czosnku
- kilka listków świeżego rozmarynu lub ½ łyżeczki suszonego
- sól i czarny pieprz

- ¼ szklanki oliwy extra vergine

1. Suszone figi zalać 1 szklanką gorącej wody i pozostawić przynajmniej na kwadrans, ale równie dobrze mogą stać całą noc. W tym czasie przygotować i odmierzyć składniki.
2. Figi odcedzić i włożyć do kubeczka blendera z małym ostrzem. Dokładnie zmiksować na grudkowatą pastę, po czym dodać wszystkie składniki z wyjątkiem oliwy. Miksować pulsacyjnie, co kilka sekund zbierając masę ze ścianek blendera, tak aby raczej się wymieszała, niż rozdrobniła do postaci pasty. Na koniec dodać oliwę, krótko miksować i doprawić do smaku małą ilością soli oraz czarnym pieprzem.
3. Przełożyć do słoika i przechowywać w lodówce nawet do 3 tygodni. Świetnie smakuje z bagietką lub świeżymi warzywami.

Jeśli chcecie podać tapenadę naprawdę wyjątkową, możecie figi namoczyć nie w wodzie, a w gorącej brandy lub czerwonym wytrawnym winie. Ale z taką wersją lepiej poczekać do weekendu albo do kolacji.

PASTA Z BIAŁEJ FASOLI Z RODZYNKAMI

Pewnego razu, gdy podróżowałam po Izraelu, postanowiłam odwiedzić kibuc zajmujący się uprawą warzyw. Przez cały dzień podziwiałam ich wspaniałą plantację daktyli, sprytnie nawadniane grządki z ziołami oraz krzaczki pomidorów oblepione najsłodszymi pomidorkami daktylowymi. Po dniu pełnym wrażeń spałam jak zabita, a rano na śniadanie dostałam właśnie tę pastę oraz gorące pity. I było to chyba najlepsze śniadanie, jakie jadłam w Izraelu.

NA 1 DUŻY SŁOIK:

- ½ cebuli
- ¼ szklanki rodzynek
- ½ papryczki chili, pozbawionej pestek
- 1 łyżeczka nasion kuminu
- ½ łyżeczki nasion czarnej gorczycy
- olej do smażenia

- 1 puszka białej fasoli (¾ szklanki fasoli suchej, do namoczenia i ugotowania)
- ½ łyżeczki kolendry, mielonej
- ½ łyżeczki kuminu, mielonego
- 2 łyżki wody
- 2 łyżki oliwy extra vergine
- sól i czarny pieprz

DO PODANIA:

- oliwa extra vergine, prażone nasiona kuminu
- oregano lub pietruszka

1. Cebulę pokroić w kostkę, rodzynki posiekać na mniejsze kawałki. Na patelni rozgrzać olej i dodać pokrojoną cebulę, rodzynki, chili, kumin oraz gorczycę. Smażyć przez 4–5 minut, do czasu aż cebula zrobi się naprawdę słodka i złocista.
2. W tym czasie w kubeczku blendera z małym ostrzem zmiksować pozostałe składniki. Gdy cebulka będzie gotowa, dodać ją do pasty i jeszcze raz krótko miksować. Podawać z oliwą i prażonymi ziarnami kuminu.

Wiem, że nie lubicie rodzynek w serniku, ale tu naprawdę dobrze smakują. W ostateczności możecie zamienić je na kilka posiekanych daktyli. A jeżeli serwujecie pastę na śniadanie dla naprawdę wyjątkowej osoby, możecie polać ją gorącą oliwą — wtedy smakuje wręcz obłędnie.

WIETNAMSKIE NALEŚNIKI BEZGLUTENOWE

Podczas gdy współcześni mieszkańcy zachodniego świata do przygotowania bezglutenowych naleśników często potrzebują trzech rodzajów mąk, gumy ksantanowej oraz obowiązkowo dużej ilości mleka, w Wietnamie przygotowuje się je od wieków jedynie z dwóch składników: ryżu i wody. Są cieniutkie, lekko chrupiące, delikatnie elastyczne i dziecinnie proste do przygotowania, pod warunkiem że namoczycie ryż przed położeniem się do łóżka. Potem pójdzie już z górki.

NA 5–6 NALEŚNIKÓW:

- 1 szklanka ryżu namoczonego w wodzie przez przynajmniej 12 godzin
- 1 szklanka wody
- ¼ łyżeczki soli
- olej do smażenia

1. Ryż odcedzić, przepłukać i przełożyć do wysokiego, wąskiego naczynia blendera — nie do miski. Wsypać sól oraz wlać połowę wody. Za pomocą ręcznego blendera zmiksować na gładki biały krem, a następnie dodać resztę wody i miksować jeszcze kilka sekund. Gotowe ciasto naleśnikowe ma być rzadkie, wręcz wodniste, i gładkie.
2. Patelnię posmarować odrobiną oleju i bardzo mocno rozgrzać. Wylać cienką warstwę ciasta, smażyć z jednej strony, a kiedy naleśnik zacznie odchodzić od patelni, obrócić go i smażyć z drugiej. Powtarzać z każdym naleśnikiem aż do wyczerpania ciasta.
3. Gotowe naleśniki podawać na słodko lub na słono. Jeśli chcecie, żeby były elastyczniejsze, układajcie jeden na drugim, a tuż przed podaniem naleśnikową wieżę obróćcie — te ze spodu będą znacznie bardziej miękkie.

Nie próbujcie zamieniać ryżu na gotową mąkę ryżową, to całkowicie zmieni strukturę naleśników. Naleśniki z białej mąki ryżowej są kruche i łamliwe, a te z moczonego ryżu elastyczne i nigdy nie przywierają do patelni. Nie kombinujcie też na początku z brązowym ryżem — ten trzeba moczyć nawet 3 dni — za to śmiało sięgnijcie po niepaloną kaszę gryczaną lub komosę ryżową. Im dłużej moczycie ryż, tym naleśniki są lepsze — możecie zostawić go w lodówce w wodzie nawet na tydzień. A jeśli zostanie wam po śniadaniu trochę nieusmażonego ciasta, również możecie schować je do lodówki i wykorzystać po kilku dniach. Trudno o tańszy i bardziej ekonomiczny przepis.

CONGEE

W Azji na śniadaniowym stole próżno szukać kanapek, tostów lub grzanek, bo azjatyckie śniadanie musi być gorące i pożywne. Dlatego właśnie najczęściej składa się z zupy — w Japonii jest to zupa miso, w Korei zupa z fermentowaną pastą sojową i warzywami, a w Wietnamie zupa pho. I chociaż każdy zakątek Azji ma swoją narodową śniadaniową zupę doprawioną zupełnie w inny sposób oraz podawaną z innymi dodatkami, wszystkie kraje łączy congee, czyli zupa ryżowa. Aby miała odpowiednią gęstość i moc zgodną z ludową chińską medycyną, należy gotować ryż z wodą i imbirem przez kilka godzin. Wiem, że nie macie rano tyle czasu, ale nie przejmujcie się — wystarczy congee ugotować w niedzielę, kiedy spędzacie czas w domu, a potem codziennie odgrzewać małą porcję na śniadanie. Gdy congee będzie się podgrzewać, w 5 minut przygotujecie dodatki i przekonacie się, jak dużo macie siły oraz energii po takim śniadaniu.

NA 5 PORCJI:

½ szklanki ryżu
1 łyżka oleju do smażenia

4 szklanki wody
2 plasterki świeżego imbiru
⅓ łyżeczki soli

SOS DO PODANIA, NA 1 PORCJĘ:

1 łyżka sosu sojowego
1 łyżeczka syropu z agawy
1 łyżeczka octu ryżowego
1 łyżeczka gorącej wody

- oraz opcjonalnie: smażone grzyby, duszone pomidory, olej sezamowy, prażone ziarna sezamu, cienki szczypiorek lub inne ulubione śniadaniowe dodatki

1. Ryż dokładnie wypłukać na sitku. Następnie w garnku rozgrzać olej, dodać ryż i podsmażać przez 1 minutę.
2. Wlać wodę, dodać imbir oraz sól. Przykryć garnek, doprowadzić do wrzenia i gotować na bardzo małym ogniu przez przynajmniej 1 godzinę, a najlepiej przez 3 godziny.
3. Kiedy congee będzie gotowe, w małej szklance wymieszać wszystkie składniki sosu oraz naszykować wybrane dodatki. Nalać porcję congee do miseczki, polać sosem, dorzucić dodatki. Resztę congee schować do lodówki i następnego dnia podać w ten sam lub w zupełnie inny sposób.

Congee można jeść codziennie i naprawdę się nie znudzić. Wystarczy zmieniać dodatki i w poniedziałek zjeść je ze smażonym jarmużem, we wtorek z duszonymi pieczarkami, w środę z plasterkami smażonego bakłażana, w czwartek z kawałkami pieczonej dyni, a w piątek zaszaleć i zjeść je na słodko z gruszkami i czarnym sezamem. Albo po prostu z tym, co znajdziecie w lodówce — wszystkie chwyty dozwolone.

ŚNIADANIOWY DAL Z SOCZEWICY

Podczas gdy w Azji Wschodniej oraz Południowo-Wschodniej prawie każdy zaczyna dzień od zupy, w Indiach oraz na Sri Lance wszyscy o poranku jedzą dal — czyli rozgrzewającą potrawkę z soczewicy. W zależności od regionu przyprawy oraz dodatki są trochę inne, ale moja ulubiona wersja to najprostszy lankijski dal z czerwonej soczewicy. Tradycyjnie podaje się go z różnymi plackami, naleśnikami oraz z kokosowym sambolem, czyli prostym dodatkiem z tartego kokosa doprawionego limonką oraz chili. To ostatnie jest opcjonalne, bo chociaż daje niezłego kopa ostrości i przenosi na cejlońskie ulice, to nawet bez niego dal jest jednym z najlepszych wegańskich śniadań świata.

NA 4–6 PORCJI:

- 2 szklanki suchej czerwonej soczewicy (350 g)
- 2 ½ szklanki wody
- 1 ½ łyżeczki kurkumy

- 1 puszka mleczka kokosowego
- sól

DO PODSMAŻENIA:

- 1 cebula, duża
- 1 pomidor

- 1 ½ łyżeczki nasion kuminu
- 1 łyżeczka nasion czarnej gorczycy
- 1 łyżeczka nasion kozieradki
- 2–3 łyżki oleju do smażenia

- 20 suszonych liści curry
- ½ łyżeczki płatków chili

POL SAMBOL:

- ½ świeżego kokosa
- ½ szalotki
- ¼ łyżeczki płatków chili
- ¼ łyżeczki chili — pieprzu cayenne
- sok z ½ limonki
- szczypta soli

1. Soczewicę dokładnie opłukać. Przełożyć do garnka, dodać odmierzoną wodę oraz kurkumę i gotować pod przykryciem na niedużym ogniu do momentu, aż soczewica będzie lekko miękka, czyli około 10 minut.
2. Jeśli przygotowujecie kokosowy sambol, dobrze go zrobić w tym właśnie momencie. Kokosa opukać trzonkiem noża dookoła, mniej więcej na środku, po czym uderzać tak długo, aż zacznie pękać. Odlać wodę z wnętrza i wyjąć miąższ. Zetrzeć go na tarce, a następnie dodać posiekaną szalotkę, płatki chili, pieprz cayenne oraz sok z połowy limonki i sól. Wymieszać i odstawić.
3. Wrócić do przygotowywania dalu. Cebulę posiekać, a pomidora pokroić w drobną kostkę. Na patelni mocno rozgrzać kilka łyżek oleju. Wrzucić kumin, gorczycę, kozieradkę oraz cebulę i smażyć przez 2 minuty, aż cebula będzie przezroczysta i zacznie się lekko złocić. Dodać liście curry i płatki chili, smażyć kilka sekund, po czym dorzucić pokrojonego pomidora i smażyć jeszcze 2–3 minuty. Na koniec zawartość patelni zsunąć do garnka z ugotowaną soczewicą.
4. Do garnka z soczewicą dodać także mleczko kokosowe oraz pół łyżeczki soli, doprowadzić do wrzenia i gotować jeszcze ostatnie 5 minut. Na koniec w razie potrzeby doprawić do smaku solą, podawać z sambolem lub bez, a jeśli chcecie się naprawdę porządnie najeść, to także z plackami lub kawałkiem dobrego pieczywa.

Wiem, że świeżego kokosa nieczęsto kupuje się na śniadanie, ale czasem można chyba zaszaleć, prawda? Nawet jeśli potem zapomnicie o kokosie, nie zepsuje się zbyt szybko — spokojnie poczeka kilka tygodni. Wodę z kokosa wypijcie — jest bardzo zdrowa, połowę miąższu zużyjcie do sambolu, a resztę schrupcie od razu lub włóżcie do lodówki i zetrzyjcie za kilka dni do owsianki albo ulubionego deseru. Jeśli nie chcecie się bawić z kokosem, w ostateczności możecie też użyć wiórków kokosowych namoczonych w kilku łyżkach wody kokosowej sprzedawanej w butelkach, ale będzie to droższe i mniej smaczne rozwiązanie.

JABŁKOWA RYŻANKA GARAM MASALA

W Europie przywykliśmy do śniadaniowych owsianek z jabłkiem z reguły przyprawionych cynamonem. Tymczasem może warto odpocząć od owsianki i zamiast niej przygotować gęstą ryżankę z jabłkami z indyjską przyprawą garam masala. Podkręca smak jabłek znacznie lepiej niż poczciwy cynamon i jeszcze bardziej rozgrzewa.

NA 2 PORCJE:

½ szklanki ryżu
¾ szklanki wody
2 łyżki cukru trzcinowego
1 łyżeczka garam masali
• sól

1 szklanka mleka roślinnego

DO PODANIA:

• 1 jabłko, sok z ½ cytryny, szczypta garam masali, opcjonalnie syrop z agawy

1. Do małego rondelka wrzucić ryż, cukier trzcinowy, garam masalę, sporą szczyptę soli oraz wlać wodę. Przykryć i gotować na małym ogniu przez 12–15 minut.
2. Po upływie tego czasu, gdy ryż wchłonie całą wodę, dodać mleko roślinne, odkryć i gotować ostatnie 4–5 minut. W tym czasie jabłko obrać, pokroić w kostkę i obficie polać sokiem z cytryny. Gorącą ryżankę nakładać do miseczek, podawać z jabłkami oprószonymi garam masalą i odrobiną syropu z agawy.

Jeśli nie macie garam masali, użyjcie innej orientalnej korzennej mieszanki przypraw, takiej jak chińska przyprawa pięć smaków lub curry. Ale garam masalę możecie przygotować samodzielnie, prażąc, a następnie mieląc w młynku 2 łyżki nasion kolendry, 1 łyżkę nasion kuminu, ziarna wyłuskane z 1 łupiny kardamonu, 1 łyżeczkę goździków, ½ łyżeczki ziaren czarnego pieprzu oraz 2 laski cynamonu. Gotową mieszankę trzymajcie w słoiku i używajcie do zupy z soczewicy, pieczonych warzyw oraz smażonego ryżu.

AWOKADO Z KOKOSOWYM BEKONEM

Nie, nie przywidziało wam się, naprawdę napisane jest tutaj „kokosowy bekon". Możecie podśmiechiwać się z tej nazwy albo z powątpiewaniem kręcić głową, ale jeśli raz spróbujecie tego chrupiącego przysmaku, będziecie gorzko żałować swojego początkowego zwątpienia. Kokosowy bekon to natarte wędzoną papryką oraz syropem klonowym płatki kokosa, które następnie piecze się w piekarniku. A potem można dodawać je naprawdę do wszystkiego — do każdej sałatki, do kremu ze szparagów, do młodych ziemniaków lub do gotowanego bobu. Albo pozwolić im zabłysnąć i podać po prostu z dojrzałym awokado — zakład, że będziecie sięgać po dokładkę?

SKŁADNIKI:

1 szklanka płatków kokosowych

2 łyżki sosu sojowego

1 łyżka oleju do smażenia lub oliwy z wytłoczyn

1 ½ łyżeczki syropu klonowego

1 łyżeczka wędzonej papryki

½ łyżeczki ostrej papryki

½ łyżeczki granulowanej cebuli, opcjonalnie

- szczypta soli i pieprzu

- oraz: dojrzały pomidor, sok z limonki lub cytryny, dojrzałe awokado, sól i czarny pieprz

1. Piekarnik rozgrzać do 175°C. Płatki kokosa wysypać do dużej miski, a w małej szklaneczce dokładnie wymieszać wszystkie pozostałe składniki.
2. Wylać zawartość szklanki na płatki kokosa i całość delikatnie mieszać aż do momentu, kiedy wszystkie płatki będą równo pokryte.
3. Tak przygotowane kokosowe płatki wysypać na blachę wyłożoną papierem do pieczenia i piec przez 10–12 minut, mieszając co 3 minuty. Bądźcie czujni: bekon łatwo się przypala.
4. W tym czasie pokroić w kostkę dojrzałego pomidora. Awokado przekroić na pół, usunąć pestkę, obrać obie połówki, a następnie każdą napełnić pokrojonym pomidorem, oprószyć solą oraz pieprzem i skropić sokiem z limonki. Na tak przygotowane awokado sypnąć hojną garść kokosowego bekonu.

Kokosowy bekon możecie przygotować od razu z podwójnej ilości składników i przechowywać w słoiku przez kilka tygodni. Jeśli macie chwilę, przed pieczeniemzostawcie kokosa w zalewie na 1 godzinę — dzięki temu bekon będzie jeszcze smaczniejszy.

MASŁO DYNIOWE

W Stanach Zjednoczonych istnieje *pumpkin butter*, czyli masło dyniowe. Jakie było moje rozczarowanie, kiedy dowiedziałam się, że jest to po prostu długo gotowana dynia z cukrem i cynamonem. Ta smutna wiadomość sprawiła, że od razu poszłam do sklepu i przygotowałam prawdziwe dyniowe masełko z pieczonej dyni oraz oleju kokosowego — kremowe, tłuste i idealne do smarowania tostów, kanapek oraz okraszania słodkich owsianek.

NA 1 DUŻY SŁOIK:

- 1 szklanka purée dyniowego (s. 258)
- ⅓ szklanki oleju kokosowego, tłoczonego na zimno lub na gorąco
- 3–4 łyżki syropu klonowego
- 1 łyżeczka ekstraktu waniliowego
- ½ łyżeczki cynamonu
- szczypta soli

1. Purée dyniowe oraz olej kokosowy włożyć do małego rondelka, doprowadzić do wrzenia i gotować przez 2–3 minuty, nieustannie mieszając.
2. Ciepłą masę przełożyć do blendera, dodać pozostałe składniki i krótko zmiksować. Przełożyć do słoika i trzymać w lodówce. Najlepiej smakuje rozsmarowane na gorącym toście, chrupiącym gofrze, w naleśniku albo jako dodatek do owsianki.

Powyższa wersja to tylko przykład. W wersji słodkiej możecie masło doprawić przyprawą piernikową, kakao, syropem z daktyli albo kilkoma łyżkami powideł. Możecie też spróbować wersji wytrawnej — sięgnijcie śmiało po kolendrę i limonkę, wędzoną paprykę oraz płatki chili, suszone pomidory oraz bazylię, skórkę z cytryny i czarny pieprz albo po prostu po to, co lubicie najbardziej. To się nie może nie udać.

TATAR Z SUSZONYCH POMIDORÓW

NAJLEPSZE PLACKI ZIEMNIACZANE

ROLADKI Z BAKŁAŻANA ZE SPAGHETTI

SOCCA

KORZEŃ PIETRUSZKI PO TUNEZYJSKU

FASOLKA SZPARAGOWA Z KOKOSEM

MŁODE ZIEMNIAKI PO INDYJSKU

SPRING ROLLS (KTÓRE SIĘ NIE ROZPADAJĄ)

BOTWINKA PO WIETNAMSKU

TAJSKA SAŁATKA Z KALAREPY

FISTASZKOWA SURÓWKA Z MARCHWI

KOREAŃSKA MIZERIA

BAKŁAŻANY PO JAPOŃSKU

SZASZŁYKI ZE SZPARAGÓW

SEZAMOWA SURÓWKA Z PORA

NUGGETSY Z BOCZNIAKA

SZPARAGI ELOTE

BOBOMOLE

MEKSYKAŃSKA SURÓWKA Z ŁODYGI BROKUŁA

MAŁE DANIA

TATAR Z SUSZONYCH POMIDORÓW

Jak to tatar bez mięsa? Dobrze wiem, że befsztyk tatarski to potrawa z surowego siekanego mięsa, ale przecież od dawna szefowie kuchni odmieniają go przez wszystkie przypadki, przygotowując tatary z dorsza, łososia lub krewetek. Więc chyba czas najwyższy na wegański tatar, który położy na łopatki powyższe.

NA 2–4 PORCJE:

- ¾ szklanki suszonych pomidorów z oleju
- ⅛ selera korzeniowego (100 g)
- 1 szklanka ugotowanej kaszy jaglanej (½ szklanki suchej)
- 1 łyżeczka sosu sojowego
- ½ łyżeczki musztardy, sarepskiej lub stołowej
- 1–2 łyżki oleju rzepakowego lub innego z pierwszego tłoczenia
- ½ łyżeczki syropu z agawy
- szczypta soli i dużo czarnego pieprzu
- oraz: ¼ małej cebuli, ½ małego ogórka kiszonego

1. Naszykować dużą deskę oraz ostry nóż. Zwilżyć wodą dwa arkusze ręcznika papierowego i podłożyć pod deskę, a następnie mocno docisnąć — dzięki temu deska będzie stabilna, a to pierwszy krok do sprawnego, udanego siekania.
2. Suszone pomidory oraz seler posiekać ostrym nożem naprawdę bardzo, bardzo drobno.
3. Rozdrobnione składniki przełożyć do dużej miski, dodać pozostałe i dokładnie wymieszać. Po wymieszaniu spróbować i w razie potrzeby doprawić do smaku większą ilością soli lub pieprzu.
4. Na koniec bardzo drobno posiekać cebulę oraz ogórka kiszonego. Wymieszany tatar podzielić na 2–4 porcje, podawać z posiekaną cebulką oraz ogórkiem do samodzielnego wymieszania na talerzu.

Trik z podkładaniem papierowego ręcznika pod deskę jest stosowany w niemal każdym programie telewizyjnym — także w moim. To między innymi dlatego kucharze na szklanym ekranie tak sprawnie siekają, więc zawsze, jeśli macie do pokrojenia dużo warzyw lub ziół, zacznijcie od ustabilizowania deski. Zobaczycie, jak duża jest różnica.

NAJLEPSZE PLACKI ZIEMNIACZANE

Przyznam się wam do ukrytej pasji, o której do tej pory wiedzieli tylko moi najbliżsi przyjaciele. Otóż zawsze, kiedy jestem chora, mam chandrę lub padam ze zmęczenia, odpalam… ***Kuchenne rewolucje*** **Magdy Gessler. Widziałam wszystkie sezony, a niektóre odcinki po kilka razy. Zawsze najbardziej czekam na moment, gdy pani Magda, testując restaurację, zamawia placka ziemniaczanego i niemal zawsze pomstuje, że jest za mało kruchy i ma w sobie za dużo mąki. Zgadzam się, że placki ziemniaczane należy traktować poważnie, bo są wizytówką każdej kuchni, dlatego przygotowałam recepturę na wegańskie placki ziemniaczane idealne. Chowają się przy nich tradycyjne z jajkiem oraz mąką pszenną — te są znacznie bardziej kruche, chrupiące oraz zwarte. I jestem pewna, że pochwaliłaby je nawet Magda Gessler.**

NA 1–2 PORCJE:

2 ziemniaki (300 g)
¼ cebuli
2 łyżki mąki z ciecierzycy
- sól i czarny pieprz
- olej do smażenia

1. Ziemniaki zetrzeć na tarce razem z cebulą. Dodać sól oraz czarny pieprz, zamieszać, a następnie dodać mąkę z ciecierzycy i wymieszać dokładnie.
2. Na patelni rozgrzać olej i nałożyć porcje masy ziemniaczanej. Smażyć po kilka minut z każdej strony, podawać od razu.

Odstrasza was duża ilość oleju widoczna na zdjęciu? Niesłusznie, to właśnie spora ilość dobrze rozgrzanego oleju sprawia, że placki nie są tłuste!

Zapamiętajcie też, że sekretem idealnych wegańskich placków jest mąka z ciecierzycy, która jednocześnie skleja placki i dodaje im chrupkości, dlatego nie można jej pominąć ani zastąpić. Możecie użyć gotowej mąki albo wrzucić trochę suchej ciecierzycy do młynka i zrobić ją samodzielnie w kilka sekund. W ten sam sposób przygotujecie też placki ze słodkich ziemniaków, buraków lub mieszanych warzyw korzeniowych — jeśli tylko macie mąkę z ciecierzycy, każde warzywo się sprawdzi.

ROLADKI Z BAKŁAŻANA ZE SPAGHETTI

Pasta alla norma to tradycyjny sycylijski makaron z bakłażanami nazwany prawdopodobnie na cześć kompozytora Vincenza Belliniego, autora opery _Norma_. Tamten stary, klasyczny przepis dał początek kolejnemu daniu z bakłażanem w roli głównej, gdzie to nie bakłażan ląduje w makaronie, a makaron wewnątrz bakłażana, tworząc nadzwyczajnie pyszne roladki wypełnione spaghetti w moim ulubionym pomidorowym sosie. Uwaga, bo znikają w zastraszającym tempie.

NA 12–15 ROLADEK:

1 bakłażan (500 g)
- olej do smażenia
- sól

- makaron spaghetti (150 g)
- sól

SOS:

1 puszka pomidorów krojonych
1 łyżeczka cukru
1 łyżeczka soli

2 ząbki czosnku
4 łodyżki bazylii
3 łyżki oliwy z wytłoczyn

1. Piekarnik rozgrzać do 200°C, a w dużym garnku zagotować osoloną wodę na makaron. Bakłażana przekroić na pół wzdłuż, położyć przecięciem do dołu i dociskając mocno do deski pokroić wzdłuż na równe, cienkie plastry o grubości około ½ cm.

2. Kiedy plastry będą gotowe, ułożyć je na dużej blasze wyłożonej papierem do pieczenia, każdy plaster posmarować olejem oraz posolić. Obrócić i czynność powtórzyć, a później wsunąć do gorącego piekarnika na 5–8 minut. Po tym czasie obrócić i dopiekać kolejne 5 minut — bakłażany powinny być miękkie, ale nie przypieczone, bo utrudnia to rolowanie. Po wyjęciu bakłażanów nie wyłączać piekarnika.

3. Podczas gdy bakłażany się pieką, przygotować sos. W małym rondelku zagotować krojone pomidory, cukier oraz sól i trzymać przez 15 minut na niedużym ogniu. Do drugiego, bardzo małego rondelka włożyć ząbki czosnku, bazylię oraz oliwę. Podgrzewać na minimalnym ogniu i smażyć 2–3 minuty — gdy tylko czosnek zacznie złocić się na brzegach, wyłączyć ogień i odstawić rondelek.

4. Do gotującej się wody wrzucić makaron i gotować zgodnie z instrukcją na opakowaniu. Następnie odcedzić, pod żadnym pozorem nie przelewać wodą ani oliwą i odłożyć z powrotem do garnka.

5. Na koniec do pomidorów wlać samą zaromatyzowaną oliwę, pozostawiając ząbki czosnku oraz zioła na dnie garnka. Zamieszać, podgrzewać ostatnie kilka sekund i wyłączyć ogień. Połowę sosu dodać do garnka ze spaghetti i intensywnie wymieszać, resztę zostawić.

6. Teraz już tylko wystarczy skręcić ruloniki. Każdy plaster bakłażana mocno odcisnąć papierowym ręcznikiem, aby pozbyć się nadmiaru tłuszczu oraz ułatwić sobie rolowanie. Na widelec nawinąć porcję spaghetti w sosie, przełożyć ją na plaster bakłażana i całość zawinąć w rulonik. Czynność powtórzyć ze wszystkimi plastrami.

→
CIĄG DALSZY PRZEPISU NA NASTĘPNEJ STRONIE

←

7. Gdy ruloniki będą gotowe, włożyć je do naczynia żaroodpornego, na wierzch wyłożyć pozostały sos i zapiekać przez 12–15 minut. Podawać z czarnym pieprzem i świeżą bazylią, nieprzyzwoicie smaczne na gorąco, a chyba jeszcze lepsze na zimno następnego dnia.

Wiem, że to nie jest przepis na co dzień — w środku tygodnia mało kto ma czas na turlanie roladek. Jest za to idealny na randkę, niedzielną kolację lub piknik. A jeżeli nawet podczas takich okazji nie macie dużo wolnego czasu, zróbcie sam sos pomidorowy z tego przepisu — dzięki gotowaniu pomidorów oraz wlaniu na koniec oliwy jest po prostu niesamowicie aromatyczny. Zajmuje to kwadrans, a tak przygotowany sos pomidorowy ma się ochotę wyjeść z garnka łyżką. Możecie użyć go do dowolnego makaronu, pizzy, lasagne, a nawet placków czy burgerów. Nadaje się do przechowywania w lodówce do 2 tygodni.

SOCCA

Socca, farinata, torta di ceci, cecina — to cienki placek zrobiony z mąki z ciecierzycy oraz wody. Prawdopodobnie wywodzi się z Genui, ale można go spotkać w całym basenie Morza Liguryjskiego, w Livorno, na Korsyce i dalej — jada się go na ulicach Palermo i Nicei. Jego wyjątkowość polega nie tylko na liczbie nazw oraz miejsc występowania, lecz także na prostocie przygotowania i mnogości zastosowań. Upieczoną soccę można spożywać na zimno lub na gorąco, podawać zamiast pity z hummusem, smarować ulubioną pastą i jeść zamiast kanapek na śniadanie albo po prostu skropić dobrą oliwą i chrupać z lampką wina.

NA FORMĘ O ŚREDNICY 28 CM LUB NA 2 MNIEJSZE:

- 1 szklanka mąki z ciecierzycy
- 1 szklanka i 2 łyżki wody
- 2 łyżki oliwy z wytłoczyn
- ½ łyżeczki soli
- ½ łyżeczki mielonego kuminu, kolendry lub innej ulubionej przyprawy

- oraz: 2–3 łyżki oliwy z wytłoczyn do posmarowania formy, ulubione dodatki do podania

1. Wszystkie składniki dokładnie wymieszać w misce i odstawić na przynajmniej 30 minut — w tym czasie mąka z ciecierzycy odpowiednio nasiąknie.
2. Piekarnik rozgrzać do 220°C. Formę nasmarować oliwą i wsunąć do piekarnika na 3–5 minut, aby porządnie się nagrzała.
3. Gorącą formę wyjąć, wlać ciecierzycowe ciasto i z powrotem wsunąć do piekarnika. Piec przez 20–22 minuty, do momentu aż brzegi mocno się zrumienią. Kroić i podawać od razu lub serwować na zimno, pysznie smakuje z hummusem, tapenadą (s. 49), faux gras (s. 47), jako dodatek do dowolnych sałatek lub po prostu skropiona dobrą oliwą, posypana świeżymi ziołami i solą.

Chciałam napisać, że socca to najlepsza bezglutenowa alternatywa dla krakersów, pity lub focacci, ale byłoby to kłamstwo. Socca jest tak dobra, że nie warto przyklejać jej etykietki zamiennika dla osób nietolerujących glutenu. Gwarantuję, że polubi ją każdy, kogo poczęstujecie — pamiętajcie tylko, aby naprawdę dobrze rozgrzać foremkę przed wylaniem masy, dbać o cienkość warstwy oraz użyć dobrze zmielonej mąki z ciecierzycy. Najlepsza będzie kupna albo domowa przesiana przez sitko.

PIETRUSZKA PO TUNEZYJSKU

Mzoura to tunezyjska potrawa z korzenia pietruszki smażonego na głębokim oleju, a następnie obficie posypywanego ostrymi przyprawami. Jest świetną przystawką lub dodatkiem do innych arabskich potraw, takich jak hummus lub baba ghanoush, o których pisałam już dużo na blogu i w poprzedniej książce. Uwielbiam to danie za jego słodycz przełamaną ostrością, od siebie wprowadziłam tylko jedną zmianę — zamiast korzenie smażyć, polecam upiec je natarte przyprawami. Dzięki temu są jeszcze słodsze, zdrowsze i nie trzeba tyle stać przy patelni.

NA 3–4 PORCJE:

1 kg pietruszki

3–4 łyżki oleju do smażenia
½ łyżeczki kuminu, mielonego
¼ łyżeczki kminku, mielonego
¼ łyżeczki kolendry, mielonej
¼ łyżeczki chili — pieprzu cayenne
¼ łyżeczki cynamonu
• sól

DO PODANIA:

• sok z cytryny, skórka otarta z cytryny, dobre oliwki, płatki chili oraz świeża kolendra

1. Piekarnik rozgrzać do 200°C. Pietruszkę obrać i pokroić w grube plastry, te największe można przekroić na pół, aby każdy kawałek był podobnej wielkości.

2. Plastry wrzucić do miski, dodać wszystkie przyprawy, olej oraz sól. Bardzo dokładnie natrzeć pietruszkę, używając do tego rąk, a nie łyżki lub szpatuły. Gdy plastry będą równo pokryte przyprawami, wysypać je równomiernie na blachę wyłożoną papierem do pieczenia i wsunąć do gorącego piekarnika na 20–25 minut.

3. Gorącą pietruszkę skropić sokiem z cytryny, obsypać skórką otartą z cytryny, płatkami chili oraz świeżą kolendrą i niedbale wymieszać z przekrojonymi na pół oliwkami. Podawać jako lekki lunch lub z komosą, bulgurem albo ryżem jako sycący obiad. Jest równie dobra na zimno, następnego dnia.

Zanim wsuniecie blachę do piekarnika, położcie obok pietruszek kawałek dyni lub kilka buraków — dzięki temu następnego dnia w 5 minut zrobicie pyszną musztardową pastę do chleba (s. 43) albo buraczaną granolę (s. 39). Z gorącego piekarnika warto korzystać na całego, to spora oszczędność energii.

FASOLKA SZPARAGOWA Z KOKOSEM

Kiedy podróżowałam po Indiach, miałam tylko na chwilę wpaść do Goi, a potem czym prędzej ruszać dalej. Niestety w Goa dopadła mnie choroba, nie zdążyłam na samolot i cały plan podróży się posypał. Wtedy przyjaciel poradził mi, żebym na pocieszenie odwiedziła pobliską wieś, w której mieszka wspaniała kucharka. I to właśnie ona przygotowała dla mnie tę fasolkę — gdy jej spróbowałam, nabrałam ochoty, by zostać tam dłużej.

NA 3–4 PORCJE:

- 1 cebula
- ¼ szklanki wiórków kokosowych
- ½ łyżeczki kuminu, mielonego
- ¼ łyżeczki chili — pieprzu cayenne
- 2 łyżki gorącej wody

- 500 g fasolki szparagowej

- 1 łyżeczka nasion kuminu
- olej do smażenia

- 1 pomidor, duży
- sól

DO PODANIA:

- świeża kolendra

1. W czajniku zagotować wodę. Skórkę pomidora naciąć na krzyż, zalać wrzątkiem i poczekać 1 minutę. Następnie pomidora oblać zimną wodą, obrać ze skórki i pokroić w kostkę. Fasolkę umyć, pokroić na małe, półcentymetrowe kawałki. Do kubeczka blendera z małym ostrzem dodać cebulę przekrojoną na ćwiartki, wiórki kokosa, kumin, chili oraz wodę i wszystko zblendować na pastę.

2. W rondlu lub na patelni rozgrzać niewielką ilość oleju, dodać nasiona kuminu i smażyć przez 30 sekund. Wrzucić przygotowaną pastę i smażyć kolejne 2–3 minuty.

3. Dodać fasolkę, zamieszać i smażyć 30 sekund. Na koniec wrzucić posiekanego pomidora wraz ze sporą szczyptą soli, zwiększyć ogień i dusić bez przykrycia przez 3–5 minut. Danie jest gotowe, kiedy pomidor lekko się rozpadnie, a fasolka wciąż będzie jasnozielona i przyjemnie chrupiąca. Podawać ze świeżą kolendrą jako dodatek do ryżu lub komosy ryżowej, doskonale smakuje na zimno następnego dnia.

Co prawda tradycyjnie taką fasolkę podaje się z ryżem, ale najlepiej smakuje z dobrze ugotowaną komosą — czyli w proporcji 1 szklanka komosy na 1 ½ szklanki wody. Wtedy komosa jest jędrna i sprężysta tak samo jak fasolka, a całe danie przyjemnie chrupie w zębach.

ZIEMNIAKI Z BOMBAJU

Bombaj słynie z ulicznego jedzenia i niesamowicie zróżnicowanej gastronomii, łączącej wpływy Północy, Południa oraz kuchni zagranicznych. To prawdziwy raj dla wegetarian i wegan, którzy kochają specjały ze straganów i budek, ponieważ większość serwuje bezmięsne potrawy. A jedną z najpyszniejszych i najprostszych do odtworzenia w domu są właśnie ziemniaki po bombajsku.

NA 2–4 PORCJE:

500 g ziemniaków
- sól
- olej do smażenia

1 cebula

½ łyżeczki nasion kuminu
½ łyżeczki nasion musztardowca
¼ łyżeczki nasion kolendry
- szczypta soli

½ łyżeczki kolendry, mielonej
½ łyżeczki kuminu, mielonego
¼ łyżeczki chili — pieprzu cayenne
¼ łyżeczki kurkumy, mielonej

DO PODANIA:

- świeża kolendra

1. Ziemniaki pozostawić w skórce, wyszorować i ugotować w osolonej wodzie do miękkości. Gdy będą miękkie, odcedzić, pokroić w kostkę i zostawić do przestudzenia.
2. Na patelni rozgrzać kilka łyżek oleju. Dodać ziemniaki i smażyć na dużym ogniu przez 5 minut, mieszając jak najrzadziej, aby miały chrupiącą, złotą skórkę. W tym czasie cebulę pokroić w kostkę.
3. Do podsmażonych ziemniaków dodać cebulę, dokładnie wymieszać i smażyć przez 2–3 minuty. Dodać niemielone przyprawy, czyli ziarna kuminu, musztardowca oraz kolendry, i smażyć kolejne 2 minuty. Na sam koniec dodać pozostałe przyprawy, posolić, dokładnie zamieszać i smażyć ostatnie 30 sekund.
4. Gorące ziemniaki obsypać dużą ilością świeżej kolendry i podawać jako dodatek do curry lub jako samodzielne danie. Doskonale smakują też na zimno.

Do tego przepisu jeszcze lepiej niż świeżo gotowane ziemniaki nadają się te, które zostały z obiadu z dnia poprzedniego. Nawet jeśli będą obrane.

SPRING ROLLS
(KTÓRE SIĘ NIE ROZPADAJĄ)

Większość domowych rolek z papieru ryżowego się rozpada, a to dlatego, że niemal każda europejska książka o kuchni azjatyckiej radzi kłaść na papierze ryżowym wszystkie składniki i wtedy go zawinąć. W ten sposób zawsze w papierze zrobi się dziura, a rulon nie będzie sztywny. Zamiast wykładać wszystko naraz, należy położyć na początek dwa, trzy składniki, zawinąć kawałek paczuszki, dołożyć składników, zawinąć, znowu dołożyć, znowu zawinąć i tak aż do zlepienia całości.

SKŁADNIKI:

- 1 kostka tofu (180 g)
- ½ opakowania dowolnego makaronu ryżowego (100 g)
- 1 marchewka
- 1 rzepa, rzodkiew lub kalarepa
- duża garść sałaty
- garść świeżej kolendry
- garść świeżych liści mięty
- garść szczypioru, grubego

- okrągły papier ryżowy

SOS:

- 2 łyżeczki cukru trzcinowego
- ⅓ szklanki gorącej wody

- 2 łyżki sosu sojowego
- 1 łyżka octu ryżowego
- ½ ząbka czosnku
- ¼ papryczki chili, pozbawionej pestek
- kilka plasterków marchwi, opcjonalnie
- kilka plasterków rzepy lub rzodkiewki, opcjonalnie

- 1 łyżka soku z limonki
- szczypta białego pieprzu, opcjonalnie

1. Zacząć od naszykowania składników. Makaron ryżowy przygotować zgodnie z instrukcją na opakowaniu i przelać dokładnie zimną wodą. Tofu odsączyć i pokroić w grube paski, marchewkę oraz rzepę pokroić ostrym nożem w cieniutkie paseczki, sałaty oraz zioła porwać. Wszystkie składniki ułożyć na dużym talerzu, aby łatwo było po nie sięgać.

2. Przygotować sos. W szklance rozpuścić cukier w gorącej wodzie. Czosnek oraz chili pokroić w cienkie plasterki, dodać do cukru z wodą wraz ze wszystkimi pozostałymi składnikami poza sokiem z limonki oraz białym pieprzem. Wymieszać i odstawić do lodówki na przynajmniej 30 minut. Doprawić sokiem z limonki i białym pieprzem, jeśli ktoś lubi. Można przechowywać w lodówce do tygodnia.

3. Już prawie można zabierać się do zwijania! Przygotować płaskie naczynie z wodą oraz drewnianą deskę, która pomaga w rolowaniu, bo wchłania nadmiar wody. Arkusz papieru ryżowego zanurzać w wodzie na 3–5 sekund, wyciągać — po wyjęciu powinien wciąż być lekko sztywny, zmięknie w trakcie układania składników. Arkusz położyć na desce, w górnej części ułożyć kopkę makaronu ryżowego i kilka warzyw i zawinąć boki oraz wykonać jeden skręt rolki. Dołożyć warzyw, sałaty oraz szczypioru, mocno docisnąć i wykonać kolejny skręt. Dołożyć tofu oraz zioła i skleić rolkę. Powtarzać z kolejnymi arkuszami, aż do wykorzystania wszystkich składników.

4. Gotowe rolki podawać od razu z przygotowanym wcześniej sosem. Każdą moczyć w sosie i zjadać, ciesząc się, że mogą być tak dobre.

Z powyższego przepisu zapamiętajcie najważniejsze: metodę skręcania rulonów, czyli dokładanie i zawijanie, oraz to, aby zaczynać od miękkich składników, takich jak makaron, który pozwala na stworzenie dobrej bazy do rolowania — istotna jest technika, a nie zaproponowane składniki. W spring rollsach najlepsze jest właśnie to, że do środka można wsadzić wszystko — posiekaną kapustę, marchewkę z rosołu, pieczonego buraka, a nawet kaszę jaglaną, makaron gryczany lub komosę ryżową.

BOTWINKA PO WIETNAMSKU

Po powrocie z podróży do Wietnamu opublikowałam na blogu przepis na fasolkę szparagową po wietnamsku, którą podaje się tam niemal wszędzie jako dodatek do ryżu. Dzięki ogromnej łatwości i szybkości przygotowania ten przepis stał się hitem — każdego dnia oglądało go kilkadziesiąt tysięcy nowych osób, a już wkrótce zaczął pojawiać się niemal wszędzie na Instagramie. Dlatego postanowiłam podzielić się z wami przygotowaną w ten sposób botwiną, która smakuje jeszcze lepiej niż fasolka.

NA 2 PORCJE:

- 400 g botwinki lub mangoldu (2 pęczki)
- 1 łyżka oleju do smażenia
- 2 ząbki czosnku
- 1 łyżka cukru
- sól
- 1 ¼ łyżki sosu sojowego lub tamari
- 1 łyżka octu ryżowego

DO PODANIA:

- ziarna sezamu, białego lub czarnego

1. Jeśli używamy mangoldu, wystarczy pokroić go na dwu-, trzycentymetrowe kawałki, jeśli zaś botwinki, łodygi pokroić na dwu-, trzycentymetrowe kawałki, a malutkie buraczki oczyścić i pokroić w zapałkę. Czosnek posiekać. W woku lub na patelni rozgrzać olej, dodać czosnek, poczekać 15 sekund, a następnie wsypać cukier. Poczekać 1 minutę, aż cukier się skarmelizuje, i dodać twardsze, pozbawione liści kawałki łodyg. Wsypać szczyptę soli i smażyć, mieszając, przez 2 minuty, aż do momentu gdy łodygi zmniejszą objętość.
2. Po upływie tego czasu dodać pozostałą część botwiny, kolejną szczyptę soli i smażyć 1 minutę. Wlać sos sojowy oraz ocet ryżowy i smażyć 2–3 minuty do odparowania płynu. Podawać jako dodatek do dań głównych lub przystawkę przed wietnamską kolacją, dobrze smakuje z ryżem lub makaronem ryżowym i sezamem.

W ten sam sposób możecie przygotować niemal wszystkie warzywa — spróbujcie potraktować tak boczniaki, kapustę, a nawet cukinię. Część możecie zjeść na ciepło, a resztę kolejnego dnia na zimno, smakuje równie dobrze albo jeszcze lepiej.

TAJSKA SAŁATKA Z KALAREPY

Jedną z pierwszych tajskich potraw, dla której straciłam głowę, była som tam, czyli cudowna sałatka z zielonej papai, której słodko-kwaśny smak przełamany sporą dawką chili uzależnia od pierwszego kęsa. *Som* oznacza „kwaśny", a *tam* odnosi się do metody przygotowania. Jej wyjątkowość polega też na tym, że wszystkie składniki są rozbijane w ogromnych moździerzach, na koniec zaś szybko przesuwane na talerz i podstawiane pod nos głodnego klienta. Żeby zrobić ją w domu, nie będziecie potrzebowali papai ani ogromnego glinianego moździerza — wystarczy kawałek kalarepy i zwyczajny moździerz z tłuczkiem.

NA 1–2 PORCJE:

1 łyżka cukru trzcinowego
1 łyżka gorącej wody

1 limonka
1 pomidor

½ ząbka czosnku
½–1 papryczka chili, pozbawiona pestek

1–2 łyżeczki soku z limonki
½–1 łyżeczka sosu sojowego

1 kalarepa (200 g)

4 łyżki orzeszków ziemnych, uprażonych

1. Najpierw dobrze jest naszykować wszystkie składniki. W czajniku zagotować wodę, skórkę pomidora naciąć na krzyż. Częścią wrzątku sparzyć limonkę, a resztą pomidora, po czym szybko przelać go zimną wodą i obrać. Następnie w moździerzu połączyć cukier trzcinowy z gorącą wodą i odstawić.

2. Limonkę przekroić na pół w poprzek. Z jednej połówki wycisnąć sok, pozostałą część wraz ze skórką pokroić wzdłuż na ćwiartki. Czosnek obrać, chili przekroić na pół, a obranego pomidora pokroić na ósemki. Kalarepę pokroić w cienkie paski obieraczką julienne lub ostrym nożem i przełożyć do dużej miski.

3. Uff, wszystko gotowe, można zabrać się do ubijania! Do moździerza z cukrem dodać czosnek oraz chili i wszystko przez 1 minutę rozbijać, aż czosnek zmieni się w pastę. Następnie dodać odłożone kawałki limonki i rozbijać przez 15 sekund, aby puściły sok.

4. Mieszankę z moździerza przełożyć do kalarepy, dodać pomidora i całość kilka razy uderzyć tłuczkiem, po czym dodać orzeszki i porządnie wymieszać. Sałatkę przełożyć na talerz lub do miseczek. Jeśli chcecie, aby wyglądała i smakowała jak w Bangkoku, połóżcie obok kawałki surowej kapusty — pomagają złagodzić ostrość, gdy przesadzicie z chili, i przede wszystkim można wytrzeć nimi przepyszny sos, aby nic się nie zmarnowało.

Som tam to nie jedna sałatka, ale cała ich rodzina — do niektórych używa się ogórka, do innych dodaje marchewkę, czasem też cieniutko pokrojone owoce. Dlatego śmiało spróbujcie też wersji z innymi warzywami, a w lecie razem z pomidorem wrzućcie do moździerza kilka kawałków surowej fasolki szparagowej.

FISTASZKOWA SURÓWKA Z MARCHWI

Śmiało mogę powiedzieć, że to moja ulubiona surówka. Mogę jeść ją codziennie w ogromnych ilościach i w ogóle mi się nie nudzi. A w dodatku przebyła długą drogę, aby znaleźć się na kartach tej książki. Pierwszy raz — byłam wtedy jeszcze nastolatką — poczęstowali mnie nią krisznowcy na odrobinę sekciarskim festiwalu wegetariańskiego jedzenia i pokochałam ją od pierwszego kęsa. Potem, po wielu latach trafiłam na podobną w Kambodży. Kolejną jej wariację poznałam dzięki zaprzyjaźnionej kucharce z Birmy. Niestety, każda wersja różniła się paroma szczegółami od poprzedniej i prawie straciłam nadzieję, że uda mi się odtworzyć smak sprzed lat. Aż tu nagle w zeszłym roku poczęstowała mnie nią Dagmara, która z kolei tę surówkę znała od swojej mamy. Nie wiem, czy mama Dagmary spotkała tych samych krisznowców, czy może ma birmańskie korzenie, ale to właśnie jej przepis pomógł mi opracować poniższą recepturę. Dziękuję, mamo Dagmary!

NA 4 PORCJE:

- 500 g marchewki
- 2 łyżki octu ryżowego
- 1 łyżka cukru trzcinowego
- 1 płaska łyżeczka soli

- 2 łyżki orzeszków ziemnych

- 5 ząbków czosnku
- olej do smażenia

- ¼ łyżeczki nasion kolendry
- ½ łyżeczki pieprzu białego, mielonego
- ¼ łyżeczki chili — pieprzu cayenne

1. Marchewkę zetrzeć na grubych oczkach tarki. Następnie dodać ocet, sól oraz cukier, zamieszać i pozostawić na kilka minut.
2. W tym czasie na dużej patelni mocno rozgrzać olej. Orzeszki posiekać, czosnek pokroić w plasterki. Na rozgrzany olej wrzucić pokrojony czosnek i smażyć 30 sekund. Po tym czasie dodać orzeszki i smażyć kolejną minutę, do momentu aż czosnek oraz orzeszki będą mocno przyrumienione.
3. Z marchewki lekko odcisnąć nadmiar soku, dodać do niej olej z podsmażonym czosnkiem i orzeszkami oraz wszystkie pozostałe przyprawy. Dokładnie wymieszać i w razie potrzeby doprawić solą lub większą ilością białego pieprzu.

Ocet ryżowy możecie zastąpić dowolnym octem, a cukier trzcinowy innym ulubionym słodzikiem. Nie rezygnujcie jednak z nasion kolendry ani białego pieprzu — właśnie te dwa składniki sprawiają, że słodko-kwaśna surówka nabiera odpowiedniego aromatu.

KOREAŃSKA MIZERIA

Jeśli wybieracie się na imprezę i chcecie usłyszeć sporo komplementów, zabierzcie ze sobą tę surówkę. Nie ma przy niej wiele pracy, więc zdążycie się wystroić, jednak potrzebna wam będzie papryka gochugaru, której nie da się zastąpić żadnym innym składnikiem. Zaufajcie mi: warto.

NA 2–4 PORCJE:

2 łyżki sosu sojowego
2 łyżki papryki gochugaru
2 łyżki oleju sezamowego
2 łyżeczki cukru trzcinowego
½ łyżeczki soli

2 długie ogórki
2 cebulki ze szczypiorem
• garść ziaren sezamu, białego lub czarnego

1. Wszystkie składniki poza ogórkami, cebulką i szczypiorem umieścić w szklance i dokładnie wymieszać.
2. Ogórki wyszorować i pokroić w plastry, cebulkę przepołowić i pokroić w cienkie półplasterki, a szczypior na dwucentymetrowe kawałki. Warzywa wsypać do miski, wymieszać z sosem, obsypać sezamem i od razu podawać na stół. Najlepiej smakuje tuż po wymieszaniu.

Sałatka naprawdę najlepiej smakuje tuż po wymieszaniu, potem ogórki mogą stracić chrupkość oraz kruchość. Dlatego najlepiej wcześniej przygotować sos i wyszorować ogórki, a tuż przed podaniem warzywa pokroić i wymieszać — zajmuje to niecałą minutę.

BAKŁAŻANY PO JAPOŃSKU

Nie będę ściemniać — współczesna kuchnia japońska nie jest zbyt wegetariańska. Niemal każde danie składa się z owoców morza lub mięsa, a te pozornie roślinne najczęściej i tak mają ukryty dodatek skorupiaków lub suszonych ryb. Ale na szczęście jest *nasi dengaku*, czyli bakłażany ze słodką glazurą z pasty miso, które serwuje się w japońskich barach *izakaya* jako dodatek do drinków lub podaje z ryżem jako większe danie.

NA 4 PORCJE:

1 bakłażan (500 g)
½ łyżeczki soli
• olej do smażenia

1 czubata łyżka pasty miso
1 łyżka cukru trzcinowego
1 łyżka słodkiego wina, białego lub czerwonego

DO PODANIA:

• sezam, biały lub czarny, i posiekany szczypior, gruby

1. Piekarnik rozgrzać do 200°C. Bakłażana pokroić w grube plastry, każdy z nich lekko naciąć w szachownicę i ułożyć na blasze wyłożonej papierem do pieczenia, posmarować olejem i bardzo delikatnie posolić. Na wszystkie bakłażany wystarczy ½ łyżeczki soli. Wsunąć na najwyższą półkę piekarnika i piec 10 minut.
2. W tym czasie w szklance wymieszać wszystkie składniki na gęsty sos. Bakłażany wysunąć, każdy delikatnie posmarować sosem i wsunąć na kolejne 5 minut, aby glazura lekko się skarmelizowała — jest gotowa, gdy pojawiają się na niej pierwsze bąble.
3. Bakłażany wyjąć, obsypać sezamem i opcjonalnie szczypiorem. Podawać na przystawkę lub z ryżem jako danie główne, dobrze smakuje też na zimno jako lunch do pracy.

Oryginalnie do glazury miso używa się japońskiego wina mirin. Jeśli macie je pod ręką, użyjcie go zamiast zwyczajnego słodkiego i dodajcie trochę mniej cukru. Dobrze jest też zrobić od razu dwa razy więcej sosu i przechowywać go w lodówce — wspaniale smakuje z tofu, cukinią, dynią, słodkimi ziemniakami lub innymi warzywami.

SZASZŁYKI ZE SZPARAGÓW

Koreańczycy są mistrzami grillowania. Wrzucają na grilla dużo mięsa, ale równie chętnie przypiekają warzywa — szczypior, pory, grzyby, a nawet szparagi. Z tymi ostatnimi postępują szczególnie ciekawie, ponieważ nabijają szparagi na patyczki, przekłuwając je przy samym czubku, dzięki czemu powstają długaśne, chybotliwe, pyszne szaszłyki. Dodatkowego charakteru dodają im powtykane między szparagi grillowane kawałki grubego szczypioru oraz marynowana w zadziornym sosie cukinia.

NA 6–8 SZASZŁYKÓW:

1 cukinia

1 ząbek czosnku
2 łyżki syropu z agawy lub innego słodkiego syropu
3 łyżki sosu sojowego
1 łyżka oleju do smażenia
½ łyżeczki soli
¼ łyżeczki czarnego pieprzu

1 pęczek szparagów
1 pęczek szczypioru, grubego
• olej do smażenia

SOS:

2 łyżki sosu sojowego
2 łyżki octu ryżowego
2 łyżeczki syropu z agawy lub innego słodkiego syropu
• garść posiekanego szczypioru, grubego

DO PODANIA:

• prażony sezam, biały lub czarny

1. Cukinię wyszorować, pokroić w grube paski i włożyć do plastikowego pudełka. Czosnek posiekać i wrzucić do szklanki. Dodać do niego syrop z agawy, sos sojowy, olej, sól oraz czarny pieprz. Wymieszać wszystko i powstałą marynatą zalać cukinię. Przykryć kawałkiem folii spożywczej lub aluminiowej, dociążyć słoikiem wypełnionym wodą albo kartonem mleka roślinnego i schować do lodówki przynajmniej na 1 godzinę.
2. Po upływie tego czasu zacząć przygotowywać szaszłyki. Szparagom odciąć stwardniałą końcówkę, a jeśli są bardzo grube, można też lekko je obrać, po czym przekroić w połowie długości. Tak samo przeciąć szczypior. Każdy patyczek złamać w połowie i nabijać po kawałku szparaga, cukinii oraz po kilka wąsów szczypioru, tak aby otrzymać szaszłyk jak na zdjęciu.
3. Gdy szaszłyki będą gotowe, delikatnie posmarować warzywa olejem i kłaść szparagi na rozgrzanego grilla. Grillować z każdej strony po kilka minut.
4. W tym czasie w szklance wymieszać wszystkie składniki sosu. Gorące szaszłyki kłaść na talerze, obsypywać obficie sezamem i podawać z sosem.

Zamiast na grillu możecie szaszłyki usmażyć lub przyrządzić na patelni grillowej. Nie zapominajcie jednak o posmarowaniu warzyw cienką warstwą oleju — suche warzywa położone na suchej patelni będą smakować naprawdę nudno.

태양초

SEZAMOWA SURÓWKA Z PORA

Najpopularniejsze w Polsce surówki z porów to ta z majonezem, z szynką lub z ananasem i kukurydzą. Tymczasem pory nie muszą smakować jak u cioci na imieninach, wystarczy tylko przyprawić je po koreańsku — czyli oczywiście sięgnąć po paprykę gochugaru oraz olej sezamowy. A także pokroić je inaczej niż zawsze, wymieszać z sałatą i patrzeć, jak znikają w mgnieniu oka.

NA 2–4 PORCJE:

3 łyżki sosu sojowego
3 łyżki octu ryżowego
1 łyżka papryki gochugaru
1 łyżka oleju sezamowego
1½ łyżeczki cukru trzcinowego
• szczypta soli

1 por, razem z ciemnymi liśćmi

• kilka liści sałaty lodowej lub innej o chrupiących, twardych liściach

• oraz: 2 łyżki sezamu, białego lub czarnego

1. Wszystkie składniki poza warzywami umieścić w szklance i wymieszać na gładki sos. Odstawić.
2. Pora przekroić wzdłuż, a następnie w poprzek na kilka kawałków, tak aby każdy miał 5–6 cm. Dokładnie umyć, osuszyć i ostrym nożem pokroić na cieniutkie paseczki grubości 2–3 mm. Tak pokrojonego pora włożyć do miski, zalać sosem i odstawić na bok.
3. W tym czasie sałatę umyć, dokładnie osuszyć i porwać na małe kawałki. Dodać ją do porów, niedbale wymieszać i wysypać na duży talerz. Na koniec obsypać sezamem i podawać jako dodatek do potraw z grilla, do ryżu, do farszu spring rollsów (s. 83), do mapo tofu (s. 181) lub jako przystawkę przed ulubioną azjatycką kolacją.

Co roku w maju ta surówka okazuje się przebojem wszystkich grillów oraz pikników. Podobnie zresztą jak koreańska mizeria (s. 91).

NUGGETSY Z BOCZNIAKA

Przepis na nuggetsy z boczniaka stworzyłam do bardzo szczególnego odcinka swojego programu, w którym gościłam chłopaków z mojego ukochanego warszawskiego Lokal Vegan Bistro. Najpierw nuggetsy podjadali operatorzy, potem ukradkiem wsunęłam kilka sztuk sama, a na koniec chłopaki spałaszowały nuggetsy przed kamerami i potwierdziły, że naprawdę dają radę.

NA 2–4 PORCJE:

- ½ szklanki mąki z ciecierzycy
- ½ szklanki wody
- spora szczypta soli i czarnego pieprzu

- 2 łyżki bułki tartej
- 4 łyżki płatków drożdżowych
- ¼ łyżeczki słodkiej papryki
- ¼ łyżeczki ostrej papryki
- ⅛ łyżeczki imbiru, sproszkowanego
- ⅛ łyżeczki kolendry, mielonej
- szczypta soli

- 250 g boczniaków
- olej do smażenia

DO PODANIA:

- majonez z pieczonym czosnkiem (s. 254)

1. W głębokim talerzu roztrzepać mąkę z ciecierzycy, wodę oraz sól i pieprz.
2. W drugim głębokim talerzu wymieszać wszystkie suche składniki.
3. Boczniaki pokroić wzdłuż na kawałki podobnej wielkości i rozgrzać olej na patelni. Każdy kawałek zanurzać najpierw w masie ciecierzycowej, następnie obtaczać w bułce tartej z przyprawami i smażyć na gorącym oleju z obydwu stron. Gotowe nuggetsy odkładać na ręcznik papierowy. Podawać z majonezem i keczupem. Uwaga, bo bardzo uzależniają.

W tym przepisie znowu niezbędna jest magiczna mąka z ciecierzycy, dodając chrupkości oraz przyklejająca się do grzybów. W dodatku dzięki niej nuggetsy są bardziej sycące i mają więcej białka.

SZPARAGI ELOTE

Elote oznacza po hiszpańsku po prostu kolbę kukurydzy. W Meksyku najczęściej pod tą nazwą kryją się grillowane na ulicy kolby kukurydzy, które podaje się z dodatkiem śmietany, majonezu, pieprzu cayenne, limonki oraz mnóstwa kolendry. I wierzcie mi, że z tymi dodatkami jeszcze lepiej smakują chrupiące zielone szparagi.

NA 2–4 PORCJE:

- 1 pęczek zielonych szparagów
- 1 łyżka oleju do smażenia

- 4 łyżki wegańskiego majonezu (s. 254)
- 4 łyżki płatków migdałowych, pokruszonych
- ⅓ łyżeczki wędzonej papryki
- ¼ łyżeczki chili — pieprzu cayenne
- sok z ½ limonki
- garść świeżej kolendry
- sól

1. Szparagom w razie potrzeby odciąć twardą końcówkę, delikatnie posmarować je olejem i krótko grillować na patelni lub grillu. Na patelni szparagi należy grillować nie dłużej niż 3–4 minuty — powinny być jędrne, chrupiące i jasnozielone.

2. Gorące szparagi przełożyć na duży półmisek, oprószyć solą, a następnie posmarować majonezem, obsypać płatkami migdałowymi, skropić limonką, obsypać wędzoną papryką i pieprzem cayenne, a na koniec jeszcze posypać świeżą kolendrą. Jeść od razu, bo szybko znikają z półmiska.

Jeśli nie macie patelni grillowej, szparagi możecie też krótko podsmażyć lub upiec w piekarniku.

BOBOMOLE

Jak chyba wszyscy ja też w lecie na okrągło obżeram się bobem. Często rozcieram go z miętą i koperkiem, ze szczypiorem i sosem sojowym albo przygotowuję go podobnie do guacamole — z kolendrą, chili oraz limonką. Pewnego dnia, gdy przyrządziłam tę ostatnią wersję, mój przyjaciel włożył do miski palec, oblizał i powiedział: „O, bobomole!". I tak już zostało.

NA 4–6 PORCJI:

400 g bobu, świeżego lub mrożonego

1 pomidor
½ czerwonej cebuli
½ papryczki chili, pozbawionej pestek
½ pęczka kolendry
1 łyżka świeżych liści mięty

- sok wyciśnięty z 1–2 limonek
3–4 łyżki oliwy extra vergine
- sól i czarny pieprz

1. W dużym garnku zagotować osoloną wodę. Wrzucić bób i gotować do miękkości przez 10–20 minut, w zależności od tego, jak bardzo jest dojrzały. Na koniec szybko odcedzić i odstawić do przestudzenia.

2. Pomidora, cebulę, chili oraz zioła posiekać najdrobniej jak się da i odstawić na bok. Następnie bób obrać, przełożyć do miski i z grubsza rozgnieść widelcem. Dodać wszystkie posiekane składniki, sok z limonki, oliwę oraz sporą szczyptę soli i pieprzu. Rozgniatać aż do uzyskania grudkowatej, równo wymieszanej pasty. Podawać z nachosami, kawałkami tortilli lub słupkami warzyw.

Zrobione w ten sposób bobomole ma tę przewagę nad oryginałem z awokado, że nie czernieje i zawsze wygląda apetycznie. Pamiętajcie jednak, że bób ma dość wyrazisty, orzechowy smak i dobrze jest naprawdę hojnie doprawić pastę solą, chili oraz limonką.

MEKSYKAŃSKA SURÓWKA Z ŁODYG BROKUŁA

Jeśli chodzi o niemarnowanie produktów spożywczych, bywam naprawdę nudna i uparta. Wciąż o tym piszę na blogu, powtarzam to w programie oraz w kilku miejscach tej książki. Wspominałam już na blogu, co można zrobić z natek, podpowiadałam, jak wykorzystać liście kalafiora lub kapusty, a teraz do tego dołączam też przepis na sałatkę z łodyg brokuła, która jest tak dobra, że często kupuję brokuły wyłącznie po to, żeby jak najszybciej dobrać się do łodyg i przerobić je na tę sałatkę. *Arriba, arriba!*

NA 2–4 PORCJE:

1 kolba kukurydzy

2 łodygi brokuła
½ pęczka kolendry
½ czerwonej cebuli
½ papryczki chili, pozbawionej pestek
1–2 łyżki soku z limonki
1 łyżka oliwy extra vergine
- sól

DO PODANIA:

- wegański majonez (s. 254), prażone pestki dyni

1. Rozgrzać piekarnik do 200°C, a jeśli ktoś woli, może rozgrzać patelnię grillową. Kolbę kukurydzy owinąć folią aluminiową i położyć na patelni lub włożyć do piekarnika na 10 minut, obracać co jakiś czas. Zdjąć folię i grillować jeszcze 5 minut, żeby ziarna się zarumieniły.
2. Tymczasem na grubych oczkach tarki zetrzeć łodygi brokuła, a kolendrę, cebulę i chili posiekać.
3. Zgrillowaną kukurydzę przelać zimną wodą, żeby całkowicie się schłodziła. Następnie postawić kolbę na dnie dużej miski i ostrym nożem ściąć ziarna. Dzięki misce ziarna nie będą latać po całej kuchni. Do ziaren dodać wszystkie pozostałe składniki, porządnie wymieszać i wysypać na półmisek lub duży talerz.
4. Majonez przełożyć do woreczka, odciąć róg i wycisnąć zygzak na wierzchu sałatki. Obsypać pestkami dyni i podawać jako dodatek do dań głównych lub jako lekki lunch.

Na pewno chodzi wam po głowie pytanie, czy zamiast kolby można użyć kukurydzy z puszki. Zróbcie to tylko wtedy, gdy jest to naprawdę konieczne, ale wtedy dodajcie też do surówki sporą szczyptę wędzonej papryki.

BARSZCZ UKRAIŃSKI
ŻYDOWSKI KAPUŚNIAK
ŻURKOWY KREM Z SELERA
REWOLUCYJNY ROSÓŁ
CHŁODNIK Z KALAFIORA
RIBOLLITA Z JARMUŻEM
HISZPAŃSKA ZUPA Z CIECIERZYCĄ
SYCYLIJSKI KREM Z BOBU
TURECKA SOCZEWICOWA
KREM Z PIETRUSZEK Z TAHINĄ
GRECKA CIECIERZYCOWA Z CYTRYNĄ
HERBACIANA ZUPA POMIDOROWA
LAKSA Z FASOLKĄ
TOM KHA
PHO
ZUPA KIMCHI
KREM Z BATATÓW Z ROMESCO
CHŁODNIK Z AWOKADO Z CHIMICHURRI
MEKSYKAŃSKA ZUPA KUKURYDZIANA

Zupy

BARSZCZ UKRAIŃSKI

W moim domu rodzinnym barszcz ukraiński gotowało się bardzo często. Nie wiem, czy to z powodu nadmiaru buraków z ogrodu, czy też lwowskich korzeni mojej babci. Niestety nie przepadałam za tą zupą — wszystko zmieniło się, gdy pojechałam na Ukrainę i spróbowałam prawdziwego tamtejszego barszczu. Babciu, przepraszam, ale naprawdę jest o niebo lepszy.

NA 5–6 PORCJI:

1 cebula
1 ząbek czosnku
1 marchewka
4 buraki
2 liście laurowe
4 ziarna ziela angielskiego
4 ziarna czarnego pieprzu
• olej do smażenia

2 łyżki przecieru pomidorowego

2 ziemniaki
1 puszka białej fasoli (¾ szklanki fasoli suchej, do namoczenia i ugotowania)
2 litry bulionu

• oraz: 2–3 łyżki soku z cytryny, natka pietruszki do podania
• sól i pieprz

1. Cebulę pokroić w kostkę, czosnek w plasterki, a marchewkę i buraki w słupki. W dużym garnku rozgrzać olej i dodać pokrojone warzywa wraz ze wszystkimi przyprawami. Smażyć przez 10–12 minut.
2. Kiedy warzywa zmiękną, dodać przecier, zamieszać i smażyć przez 3–5 minut, regularnie mieszając, aby delikatnie się skarmelizowały. Wtedy dodać ziemniaki, fasolę oraz bulion i gotować pod przykryciem przez 15–20 minut, do momentu aż buraki i ziemniaki będą odpowiednio miękkie.
3. Na koniec obficie doprawić czarnym pieprzem oraz solą do smaku, wlać sok z cytryny i zamieszać. Podawać z natką pietruszki.

W każdym domu na Ukrainie serwuje się zupełnie inny barszcz i wiele zależy od pory roku. Na przykład w zimie ląduje w nim kapusta, na wiosnę botwina, a w lecie fasolka szparagowa. Warto wziąć z tego przykład i do barszczu dorzucać też różne resztki warzyw znalezione w lodówce. A jeśli lubicie łączyć wpływy różnych kuchni, spróbujcie poczciwy barszcz podać z chimichurri (s. 145) — prośby o dokładki gwarantowane!

ŻYDOWSKI KAPUŚNIAK

Jednym z ulubionych przepisów z poprzedniej książki, o którym wszyscy najczęściej do mnie piszą, jest kapuśniak po indyjsku. Aby tradycji stało się zadość, postanowiłam pokazać wam kapuśniak w kolejnej odsłonie.

NA 4–6 PORCJI:

- 1 cebula
- 2 ząbki czosnku
- ⅓ szklanki rodzynek
- 1 łyżka nasion kminku
- 4 ziarna czarnego pieprzu
- 2 goździki
- 2 ziarna ziela angielskiego
- 2 liście laurowe
- olej do smażenia

- 700 g białej kapusty (ćwiartka małej główki)
- ½ szklanki kaszy pęczak, suchej
- ½ łyżeczki soli

- 1 puszka pomidorów krojonych
- 1 łyżeczka majeranku, suszonego
- 1 łyżeczka soku z cytryny
- ½ łyżeczki cynamonu
- 1 ½–2 litry bulionu warzywnego
- sól i czarny pieprz

1. Cebulę pokroić w grubą kostkę, czosnek w plasterki. W garnku rozgrzać olej i dodać cebulę oraz czosnek wraz z rodzynkami i resztą przypraw. Smażyć na małym ogniu przez 3–6 minut, do czasu aż cebula stanie się złota i zacznie rumienić się na brzegach.

2. Kaszę pęczak przepłukać dwukrotnie na sicie. Kapustę posiekać razem z głąbem i dodać ją wraz z kaszą do podsmażonej cebuli. Wsypać sól, zwiększyć ogień i podsmażać przez 5–8 minut, co jakiś czas mieszając.

3. Kiedy kapusta zmięknie, dodać pozostałe składniki, dokładnie wymieszać i gotować pod przykryciem 18–25 minut. Na koniec doprawić do smaku solą oraz czarnym pieprzem. Każdego dnia smakuje jeszcze lepiej oraz coraz bardziej gęstnieje.

Wiem, że macie ochotę pominąć rodzynki, ale nie róbcie tego. Żydzi aszkenazyjscy naprawdę wiedzieli, co robią, gdy zaczęli łączyć te bakalie z gulaszami warzywnymi. Dodają słodkiego, głębokiego smaku i nie przeszkadzają nawet przeciwnikom rodzynek.

ŻURKOWY KREM Z SELERA

Z jakiegoś powodu często wydaje się, że zakwas żytni, główny składnik żurku, przydaje się jedynie na Wielkanoc. Tymczasem wspaniale smakuje nie tylko od święta w wielu warzywnych zupach, a już zwłaszcza w kremach. Zaostrza ich smak, nadaje charakter oraz wspaniały, kontrastowy smak.

NA 4 PORCJE:

1 seler korzeniowy (650 g)
1 jabłko
2 liście laurowe
2 ziarna ziela angielskiego
1 łyżeczka majeranku, suszonego
½ łyżeczki natki pietruszki, suszonej
½ łyżeczki lubczyku, suszonego
• olej do smażenia

1 ziemniak

3 szklanki bulionu

1 szklanka żurku
1 ząbek czosnku
2–3 łyżeczki świeżo startego chrzanu
• sól i czarny pieprz

DO PODANIA:

• olej lniany lub rzepakowy, grzanki z czerstwego pieczywa, świeżo mielony czarny pieprz

1. Selera obrać i pokroić w drobną kostkę, a jabłko pozostawić w skórce i pokroić na ćwiartki.
2. W dużym garnku rozgrzać olej, dodać selera z jabłkiem i przyprawami, smażyć przez 8–10 minut, co jakiś czas mieszając. Po upływie tego czasu obrać ziemniaka, pokroić w grubą kostkę i dołożyć do garnka. Smażyć 2–3 minuty, po czym wlać bulion i gotować pod przykryciem przez 20–25 minut, do czasu aż seler zacznie się rozpadać.
3. Na koniec dodać żurek, świeżo starty chrzan, czosnek i wszystko zmiksować na gładki krem. Doprawić do smaku solą oraz pieprzem, podawać z dobrym olejem z pierwszego tłoczenia oraz z grzankami i czarnym pieprzem.

Zakwas na żurek możecie kupić w sklepie albo zrobić samodzielnie. Wystarczy ½ szklanki mąki zalać ½ litra letniej wody, a do tego dodać ząbek czosnku. Potem już tylko należy odstawić słój i mieszać co 2 dni, a po mniej więcej tygodniu zakwas będzie gotowy, czyli spieni się, zmętnieje i zrobi się kwaśny. Co ważne, zakwas możecie zrobić z dowolnej mąki — żytniej, owsianej, gryczanej, a nawet jaglanej.

REWOLUCYJNY ROSÓŁ

Zanim podniesiecie brwi i stękniecie, że nie ma rosołu bez kury, przeczytajcie do końca tych kilka zdań. Dobrze znam różnicę między bulionem a rosołem — ten pierwszy jest delikatnym wywarem stanowiącym bazę do zup, ten drugi zaś jest sycącą, niezależną, samodzielną zupą o głębokim aromacie. I prawdą jest, że wrzucone do wody warzywa nie sprawią, że otrzymamy rosół. Jednak podsmażone warzywa zalane alkoholem, doprawione mnóstwem umami, a potem długo gotowane z fasolą staną się podstawą jednego z lepszych rosołów, jakie jedliście — nieważne, czy z kurą, czy bez.

NA 4–6 PORCJI:

- 2 cebule
- 1 marchewka, duża
- 1 łodyga selera naciowego
- ½ pora, wraz z zieloną częścią
- 1 seler korzeniowy
- 1 gwiazdka anyżu
- 1 goździk
- 4 ziarna pieprzu
- 4 liście laurowe
- 2 ziarna ziela angielskiego
- 4 łyżki oleju do smażenia
- 3 łyżki wódki lub whiskey
- 1 puszka białej fasoli (¾ szklanki fasoli suchej, do namoczenia i ugotowania)
- 1 łyżeczka koncentratu pomidorowego
- 2–4 łyżki sosu sojowego
- 10 g suszonych borowików
- garść świeżego lubczyku
- garść natki pietruszki
- zielone liście pora, opcjonalnie
- 2 litry wody
- sól i czarny pieprz

1. Cebule obrać i opalić nad palnikiem, tak jak robiły to nasze babcie. W tym czasie pozostałe warzywa dokładnie wyszorować, pozostawić w skórce i pokroić na mniejsze kawałki. Opalone cebule oskrobać z nadmiaru spalonej skórki i pokroić w plasterki.
2. W dużym garnku rozgrzać olej i dodać wszystkie pokrojone warzywa wraz z anyżem, goździkiem, pieprzem, liśćmi laurowymi oraz zielem angielskim. Smażyć na dużym ogniu, mieszając bardzo rzadko lub niemal wcale przez 8–10 minut. Warzywa mają być rumiane.
3. Gdy warzywa się zezłocą, dodać alkohol i intensywnie mieszać, skrobiąc garnek, czekając, aż płyn odparuje. Wtedy dodać resztę składników, garnek przykryć i gotować rosół na najmniejszym ogniu przynajmniej przez 1 godzinę, a najlepiej 2–3 godziny.
4. Po upływie tego czasu rosół odcedzić, a warzywa dokładnie odcisnąć. Zupę doprawić do smaku solą oraz pieprzem i podawać z makaronem i natką pietruszki.

Ten rosół ma dwa sekrety. Pierwszym jest deglasowanie, czyli odklejanie rumianej skorupki z dna garnka za pomocą alkoholu, drugim napakowanie go umami, czyli bulwą selera, koncentratem pomidorowym, sosem sojowym, suszonymi grzybami oraz lubczykiem. Dlatego tak ważne jest, abyście nie pomijali żadnego z tych składników ani tym bardziej nie rezygnowali z gwiazdek anyżu. Heston Blumentahl, wielki kucharz i badacz kuchni molekularnej, kilka lat temu przeprowadził badania, które udowodniły, że anyż uwalnia niewielkie ilości umami z warzyw z rodziny allium, *czyli właśnie z cebul, porów oraz czosnku. Za to puszkę fasoli możecie zastąpić namoczoną przez noc połową szklanki fasoli suchej, a zamiast świeżego lubczyku może być suszony.*

CHŁODNIK Z KALAFIORA

Wszyscy znamy tradycyjny chłodnik z dodatkiem różowej botwinki. Jednak z chłodnikami warto eksperymentować i przygotowywać je z tych warzyw, które po prostu wyjątkowo dobrze smakują na surowo — tak jak kalafior, którego w tym przepisie łączę z chrupiącą kalarepą, pietruszką, koperkiem i odrobiną mięty.

NA 4–6 PORCJI:

1 cebula
2 ząbki czosnku
1 łyżeczka soli
• olej do smażenia

1 ½ litra bulionu

½ kalafiora (400 g)
1 kalarepa (200 g)
½ pęczka koperku
½ pęczka natki pietruszki
• kilka łodyżek mięty

1 puszka mleczka kokosowego
¼–⅓ szklanki soku z cytryny

DO PODANIA:

• ulubiony olej z pierwszego tłoczenia, czarny pieprz

1. Cebulę pokroić w kostkę, czosnek posiekać. W garnku rozgrzać olej, dodać pokrojone warzywa wraz z solą i dusić przez 3–4 minuty, do momentu aż cebula będzie lekko złota. Wtedy wlać bulion, przykryć, gotować przez 5 minut, a potem przestudzić.
2. Kalafiora oraz kalarepę zetrzeć na grubych oczkach tarki, wszystkie zioła bardzo drobno posiekać.
3. Do przestudzonego bulionu dodać mleczko kokosowe oraz sok z cytryny, dokładnie zamieszać, a następnie dodać posiekane warzywa oraz zioła. Doprawić do smaku i podawać z odrobiną dobrego oleju oraz ze świeżo mielonym czarnym pieprzem.

Mleczko kokosowe przyjemnie zagęszcza chłodnik, ale jeśli nie macie go pod ręką, możecie użyć innego mleka roślinnego.

RIBOLLITA Z JARMUŻEM

Ribollita to toskańska zupa z fasoli, której nazwa dosłownie oznacza „odgrzana" czy też „ugotowana na nowo". Znajdziemy w niej różnego rodzaju kapusty, warzywa korzeniowe, pomidory i fasolę. Najlepiej smakuje następnego dnia. Od razu ugotujcie duży garnek i wyjadajcie ją przez kilka dni.

NA 6 PORCJI:

1 cebula
2 marchewki
3 łodygi selera naciowego
⅛ kapusty włoskiej lub białej
1 gałązka rozmarynu, duża
2 ząbki czosnku
• oliwa z wytłoczyn

300 g jarmużu

1 puszka pomidorów krojonych
• sól i czarny pieprz

1 puszka białej fasoli (¾ szklanki fasoli suchej, do namoczenia i ugotowania)
2 ½ szklanki bulionu

1 puszka białej fasoli (¾ szklanki fasoli suchej, do namoczenia i ugotowania)
½ szklanki bulionu

DO PODANIA:

• oliwa extra vergine i świeżo zmielony czarny pieprz

1. Cebulę posiekać, selera i marchewki pokroić w kostkę, kapustę poszatkować w cienkie paski, a czosnek obrać. W dużym garnku rozgrzać oliwę, dodać czosnek i rozmaryn, smażyć przez 1 minutę, a potem dodać pokrojone warzywa i często mieszając, smażyć przez 5–8 minut.
2. W tym czasie liście jarmużu podzielić na równe kawałki, a łodygi posiekać. Wrzucić do garnka, porządnie zamieszać, wlać puszkę pomidorów, doprawić solą i pieprzem. Dusić przez 5 minut.
3. Do warzyw dodać odcedzoną fasolę oraz 2 ½ szklanki bulionu i przykryć garnek. Drugą puszkę odcedzonej fasoli zmiksować z ½ szklanki bulionu, dodać do garnka i gotować wszystko przez 15–20 minut.
4. Gotową zupę doprawić do smaku solą, podawać z dobrą oliwą i czarnym pieprzem. Z każdym dniem smakuje lepiej.

Oryginalnie ribollita zagęszczana jest czerstwym chlebem, jednak ja wolę zagęścić ją zmiksowaną fasolą, a chleb ewentualnie podawać osobno. Jeżeli macie inną opinię na ten temat, śmiało dorzućcie do garnka kilka kromek i pozwólcie się im rozgotować.

HISZPAŃSKA ZUPA Z CIECIERZYCĄ

Kiedy w domu nie mam przygotowanego obiadu, a mój chłopak dzwoni, że będzie wcześniej i jest bardzo głodny, z reguły robię mu właśnie tę zupę — dzięki wędzonej papryce i chili jest charakterna, a ciecierzyca sprawia, że można się nią porządnie najeść. I dodatkowo mam z głowy także obiad na kolejny dzień.

NA 3–4 PORCJE:

- 1 czerwona cebula
- 2 łodygi selera naciowego
- 2 czerwone papryki
- oliwa z wytłoczyn

- 1 łyżeczka wędzonej papryki
- ½ łyżeczki płatków chili
- szczypta szafranu

- 2 puszki ciecierzycy (1 ½ szklanki suchej, do namoczenia i ugotowania)

- 1 puszka pomidorów krojonych
- 1 litr bulionu
- sól i czarny pieprz

DO PODANIA:

- oliwa extra vergine, natka pietruszki, sok z cytryny

1. Cebulę posiekać, selera oraz paprykę pokroić w kostkę. W garnku rozgrzać oliwę, dodać pokrojone warzywa i smażyć przez 4–6 minut, do momentu aż się zarumienią.
2. Dodać wędzoną paprykę, płatki chili oraz szafran, dokładnie zamieszać i smażyć przez 15–30 sekund, po czym wrzucić odsączoną ciecierzycę. Smażyć przez 1 minutę, często mieszając, a następnie dodać pomidory, bulion oraz sól i czarny pieprz. Gotować pod przykryciem przez 8–10 minut.
3. Zupę podawać z natką pietruszki, skropioną sokiem z cytryny i dobrą oliwą.

Pamiętajcie, żeby zachować zalewę z ciecierzycy — w końcu możecie zrobić z niej majonez (s. 254) lub czekoladowy deser (s. 211)!

SYCYLIJSKI KREM Z BOBU

Sycylia to prawdziwy raj dla wegetarian i wegan. Sycylijczycy wiedzą wszystko o bakłażanach; umieją przygotować seler naciowy tak, że posmakuje nawet największym jego przeciwnikom; a co najważniejsze — używają mnóstwo ciecierzycy, grochu i bobu. Zwłaszcza ten ostatni jest niezwykle popularny i połączony z dzikim fenkułem często ląduje w zupach, gulaszach oraz sosach do makaronu.

NA 2–4 PORCJE:

- ½ fenkułu
- 1 ziemniak
- 1 ząbek czosnku
- • oliwa z wytłoczyn

- 450 g bobu, świeżego lub mrożonego
- 1 litr bulionu
- • sól i czarny pieprz

DO PODANIA:

- ½ fenkułu
- ¼ czerwonej cebuli
- 10 czarnych oliwek bez pestek

- 1 łyżka soku z pomarańczy
- 2 łyżki oliwy extra vergine
- • sól i czarny pieprz

1. Połówkę fenkułu pokroić w plastry, ziemniaka obrać i pokroić w kostkę, czosnek w plasterki. W garnku rozgrzać oliwę, dodać przygotowane warzywa i podsmażać przez 2–3 minuty. Po tym czasie dodać bób, dokładnie zamieszać, wlać bulion i gotować pod przykryciem przez 20–25 minut.
2. Kiedy składniki zupy zmiękną, zblendować całość na gładki krem, w razie potrzeby dolewając trochę wody. Doprawić do smaku solą i pieprzem.
3. Na koniec pozostałą połówkę fenkułu pokroić wraz z cebulą w cienkie plasterki, a oliwki posiekać na większe kawałki. Wymieszać wszystko z oliwą, sokiem z pomarańczy, solą oraz pieprzem i nakładać po łyżce na każdą porcję zupy.

Macie ochotę na naprawdę zabójczo sycącą, oryginalną wersję tej zupy? Podajcie ją tak jak na Sycylii, czyli z grubym makaronem typu casarecce, garganelli lub po prostu rigatoni. Drugie danie na pewno nie będzie potrzebne.

TURECKA SOCZEWICOWA

Są takie dania z podróży, które zje się raz, a potem przez lata powracają, śnią się, męczą i nie dają spokoju, dopóki się ich nie przyrządzi. Bo każde wspomnienie od razu powoduje kręcenie w nosie i ślinotok. Takim daniem jest właśnie turecka soczewicowa, czyli *mercimek çorbası*, jedna z najlepszych wersji zupy soczewicowej na całym świecie. Kremowa dzięki dodatkowi warzyw, pożywna dzięki dużej ilości soczewicy, wspaniale kwaskowata dzięki odpowiedniej ilości soku z cytryny oraz niepowtarzalnie dobra dzięki odrobinie suszonej mięty.

NA 4–6 PORCJI:

1 cebula
1 marchewka
1 ziemniak
• olej do smażenia

2 szklanki suchej czerwonej soczewicy (350 g)
1 ząbek czosnku
1 łyżeczka mięty, suszonej
1 łyżeczka ostrej papryki
1 łyżeczka słodkiej papryki

1 puszka pomidorów krojonych
1 ½ litra bulionu lub wody
• sól

2–4 łyżki soku z cytryny
• sól i czarny pieprz

DO PODANIA:

• oliwa extra vergine, ostra papryka oraz opcjonalnie ćwiartki cytryny

1. Cebulę pokroić w półplasterki, marchewkę oraz ziemniaka w kostkę. Na patelni rozgrzać olej, wrzucić pokrojone warzywa i przysmażać przez 2–3 minuty. Dodać soczewicę, czosnek oraz przyprawy i wszystko dokładnie mieszając, smażyć kolejne 2–3 minuty.
2. Następnie dodać pomidory, bulion oraz szczyptę soli i gotować pod przykryciem przez 20–25 minut. Na koniec upewnić się, że warzywa oraz soczewica są miękkie, dodać sok z cytryny i zblendować całość na gładki krem. Spróbować i w razie potrzeby dodać więcej cytryny, soli oraz pieprzu. Podawać z oliwą, ostrą papryką i dodatkową ćwiartką cytryny na wszelki wypadek.

Pod żadnym pozorem nie zamieniajcie suszonej mięty na świeżą — suszona ma głębszy, wytrawniejszy i zupełnie inny aromat. Podpowiem też, że suszoną miętę dostaniecie w każdym sklepie pod postacią miętowej herbaty — wystarczy rozciąć torebkę.

KREM Z PIETRUSZEK Z TAHINĄ

Jeśli zdarza się wam robić hummus, na pewno wiecie, gdzie kupić tahinę lub macie jej trochę w spiżarni. Jeżeli do tego zalega wam w lodówce zapomniana pietruszka, możecie szybko z tych składników zrobić gęstą, słodką i niesamowicie aksamitną zupę krem.

NA 4–6 PORCJI:

- 3 pietruszki, duże
- 1 cebula
- • olej do smażenia
- 1 ziemniak

- 1 ½ łyżeczki kuminu, mielonego
- ½ łyżeczki kolendry, mielonej
- ¼ łyżeczki cynamonu
- ¼ łyżeczki chili — pieprzu cayenne

- ½ litra bulionu

- 1–1 ½ szklanki bulionu
- 3 łyżki tahiny
- 2 łyżki soku z cytryny
- • sól i czarny pieprz

DO PODANIA:

- • łyżka tahiny, prażone ziarna kuminu

1. Pietruszki obrać i pokroić w grube plastry, cebulę pokroić w półplasterki. W garnku rozgrzać olej, wrzucić pietruszkę oraz cebulę i smażyć przez 8–10 minut na małym ogniu.
2. W tym czasie ziemniaka obrać i pokroić w kostkę. Dodać do warzyw, zamieszać, a następnie wsypać przyprawy i smażyć przez 1–2 minuty. Wlać pół litra bulionu i gotować pod przykryciem przez 20 minut.
3. Po upływie tego czasu upewnić się, że warzywa są bardzo miękkie. Blendować i stopniowo wlewać resztę bulionu, a gdy zupa osiągnie odpowiednią konsystencję, dodać tahinę, sok z cytryny, sól oraz czarny pieprz. Podawać z kleksem tahiny oraz podprażonymi na suchej patelni ziarnami kuminu.

Dzięki gotowaniu pietruszki w małej ilości bulionu i stopniowemu jego dolewaniu zupa jest bardzo aksamitna. Upewnijcie się jednak, że po wlaniu pierwszej porcji bulionu pietruszka jest w całości przykryta — jeśli wystaje ponad bulion, wlejcie go trochę więcej.

GRECKA CIECIERZYCOWA Z CYTRYNĄ

Revithia, bo tak nazywa się ta zupa, to typowa potrawa greckich biedaków. Do jej przygotowania wystarcza ciecierzyca oraz cebula, a całość przyprawia się liściem laurowym, oregano, suszoną miętą, rozmarynem oraz cytryną. Niech żyje prostota w kuchni!

NA 2–4 PORCJE:

1 cebula

1 łodyga selera naciowego

2 ząbki czosnku

2 liście laurowe

1 łyżeczka oregano, suszonego

½ łyżeczki mięty, suszonej

1 gałązka świeżego rozmarynu

• skórka otarta z 1 cytryny

• oliwa z wytłoczyn

2 puszki ciecierzycy (1 ½ szklanki suchej, do namoczenia i ugotowania)

1 litr bulionu

• sól i czarny pieprz

DO PODANIA:

3 łyżki oliwy extra vergine

2 łyżki soku z cytryny

• sól i czarny pieprz

1. Cebulę i selera naciowego pokroić w kostkę, czosnek posiekać. W garnku rozgrzać oliwę, wrzucić warzywa wraz ze wszystkimi przyprawami i smażyć przez 3–4 minuty, do momentu aż cebula zrobi się złota.
2. Dodać odcedzoną ciecierzycę, zamieszać i smażyć kolejne 2–3 minuty. Po upływie tego czasu dodać bulion, szczyptę soli oraz pieprzu i gotować pod przykryciem przez 10–12 minut.
3. W tym czasie w małej szklance wymieszać oliwę z sokiem z cytryny oraz solą i pieprzem. Z gotowej zupy odlać szklankę, zmiksować blenderem, z powrotem wlać do garnka i wymieszać. Podawać z oliwą cytrynową.

Jeśli bardzo się spieszycie, możecie pominąć blendowanie części zupy, ale jeżeli macie chwilę, naprawdę warto to zrobić — dzięki temu zupa robi się gęsta i zawiesista.

HERBACIANA ZUPA POMIDOROWA

Bardzo lubię dobre herbaty, zarówno parzyć je w filiżance, jak i czasem też używać ich do gotowania. Najczęściej w kuchni korzystałam z chińskiej herbaty lapsang souchong, która ze względu na swój wędzony aromat świetnie podkręcała smak pomidorowych sosów i zup oraz sosów BBQ. Pewnego dnia obiecałam przyjaciółce, że zrobię dla niej zupę pomidorową z tą herbatą, ale jak na złość okazało się, że moje zapasy lapsanga się wyczerpały. Musiałam szybko coś wykombinować i wtedy właśnie po raz pierwszy zrobiłam tę wersję zupy, którą od tamtej pory robię niemal przez cały sezon pomidorowy. Przyjaciółka podobno gotuje ją jeszcze częściej.

NA 4 PORCJE:

- 2 kg pomidorów
- 1 cebula, duża
- 1 marchewka, duża
- olej do smażenia
- 1 łyżeczka wędzonej papryki
- ½ łyżeczki płatków chili
- 1 łyżeczka soli
- 1 łyżeczka cukru trzcinowego
- 1 szklanka bulionu
- sól i czarny pieprz
- ½ szklanki zaparzonej bardzo mocnej czarnej herbaty

DO PODANIA:

- oliwa extra vergine i szczypta wędzonej papryki

1. W dużym garnku zagotować wodę, obok postawić miskę z zimną wodą oraz dużą czystą miskę. Pomidorom naciąć skórkę na krzyż, wkładać po kilka sztuk do wrzątku, a następnie przekładać do miski z zimną wodą, zdejmować skórkę, wykrawać szypułkę, dzielić na ćwiartki i odkładać do czystej miski.
2. Kiedy wszystkie pomidory będą obrane, cebulę pokroić w półplasterki, a marchewkę w plasterki. W dużym garnku rozgrzać olej, dodać cebulę z marchewką i smażyć przez 3–4 minuty. Następnie dodać wędzoną paprykę oraz płatki chili, smażyć 30 sekund i dodać obrane pomidory wraz z solą i cukrem. Dusić 5 minut bez pokrywki, po czym wlać bulion, przykryć i gotować 15–20 minut.
3. Na koniec do zupy dodać herbatę, zblendować i doprawić do smaku solą oraz pieprzem. Podawać z dobrą oliwą i szczyptą wędzonej papryki.

Jeśli korzystacie z dojrzałych, letnich pomidorów, możecie zmniejszyć ilość cukru lub całkiem go pominąć.

LAKSA Z FASOLKĄ

Po przepis na tę zupę pojechałam najpierw do Kuala Lumpur, a potem do Singapuru — wszystko dlatego, że chciałam znaleźć idealną wersję tej wspaniałej, jedynej w swoim rodzaju zupy. Od czego by tu zacząć? Laksa jest symbolem kuchni oraz kultury Malezji, a także narodową potrawą Singapuru. Powstała z połączenia wpływów kuchni rdzennych mieszkańców oraz chińskich imigrantów — od tych pierwszych w zupie wzięło się mleczko kokosowe, trawa cytrynowa i kurkuma, a tym drugim zawdzięczamy dużą ilość makaronu oraz sposób jej przygotowania. W wyniku tego kulturowego tygla powstała zupa, która jednocześnie jest aksamitna i zawiesista, delikatna i charakterna oraz wreszcie kremowa i ostra.

NA 4–6 PORCJI:

PASTA:

2 łodygi trawy cytrynowej
1 łyżeczka soli

1 kawałek imbiru, około 4 cm
1 kawałek kurkumy, około 8 cm
6 orzechów nerkowca

3–4 łyżki sambal oelek
150 g szalotek

ZUPA:

¼ szklanki oleju do smażenia

20 liści curry, suszonych
1 łyżeczka kolendry, mielonej

3–4 szklanki bulionu
2 łyżki sosu sojowego
1 puszka mleczka kokosowego
1 łyżeczka cukru trzcinowego

DO PODANIA:

- 400 g fasolki zielonej lub żółtej, 100 g kiełków fasolki mung, ugotowany zgodnie z instrukcją na opakowaniu dowolny makaron ryżowy

1. Z łodyg trawy cytrynowej odciąć zieloną, twardą, suchą i mniej aromatyczną część, trochę przypomina to oddzielanie zielonej części pora. Miękką, bulwiastą część łodyg pociąć w cienkie paseczki, a następnie wraz z solą rozdrobnić w młynku lub moździerzu. Dodać równie drobno pokrojony imbir, kurkumę i orzechy nerkowca i dalej mielić. Przełożyć do kubeczka blendera wraz z sambalem oraz szalotkami i zmiksować na gładką, płynną pastę.
2. W garnku rozgrzać olej i dodać przygotowaną pastę. Smażyć na średnim ogniu przez 5–7 minut, co jakiś czas mieszając. Wtedy dodać liście curry oraz mieloną kolendrę i smażyć ostatnią minutę. Dodać wszystkie pozostałe składniki, przykryć i gotować 5 minut.
3. W tym czasie w małym rondelku zagotować wodę i wrzucić do niej fasolkę szparagową. Gotować przez 2–3 minuty, dorzucić kiełki fasolki mung i po 30 sekundach całość odcedzić.
4. Spróbować gotowej laksy i w razie potrzeby doprawić ją większą ilością sosu sojowego lub szczyptą cukru. Na koniec do każdej miseczki włożyć porcję makaronu ryżowego, wlać dużą chochlę zupy oraz nałożyć zblanszowane fasolki i kiełki.

Świeży korzeń kurkumy można zamienić na 2 łyżki suszonej, wtedy jednak należy dodać ją do zupy chwilę później — razem z mielonymi ziarnami kolendry. Z resztą składników nie kombinujcie, bo ich zamiana sprawi, że zupa będzie bez smaku — a już zwłaszcza zadbajcie o dobry bulion, taki jak ten ze s. 252. A jeżeli potrzebujecie dokładniejszych porad, jak dobrze przyrządzić pastę, zajrzyjcie na s. 117.

TOM KHA

Pisałam o niej już w poprzedniej książce, ale jest tak prosta i pyszna, że muszę podzielić się z wami nowym, jeszcze lepszym przepisem. Przywiozłam go z podróży po Tajlandii i w tej wersji zupa jest niesamowicie bogata w smaku, aksamitna i po prostu uzależniająca, a ugotowane w niej boczniaki przy każdym kęsie tryskają kokosową esencją.

NA 6 PORCJI:

- 1 kawałek imbiru, około 3 cm
- 5 łodyg trawy cytrynowej
- 2 puszki mleczka kokosowego

- 300 g boczniaków
- 2 puszki mleczka kokosowego

- 1–2 papryczki chili, pozbawione pestek
- 1 szalotka
- 2 pomidory
- 8 liści kaffiru, suszonych
- 1 łyżka sosu sojowego
- ½ łyżeczki soli
- ½ łyżeczki cukru trzcinowego

- sok wyciśnięty z 1–2 limonek
- 1 pęczek kolendry

DO PODANIA:

- ćwiartki limonki, kilka plasterków chili, opcjonalnie ugotowany ryż obok zupy

1. Imbir obrać za pomocą małej łyżeczki, a następnie posiekać. Trawę cytrynową obrać z wierzchniej, twardej warstwy, następnie rozbić tępą krawędzią noża i pokroić w cienkie plasterki, mniej więcej 1–2 mm. Tak przygotowane składniki wrzucić do garnka, wlać 2 puszki mleczka kokosowego i podgrzewać na średnim ogniu.
2. W tym czasie boczniaki oczyścić i pokroić w grube paski. Kiedy mleczko kokosowe w garnku zacznie się lekko gotować, dodać boczniaki, kolejne dwie puszki mleczka i dalej podgrzewać.
3. Papryczki chili pokroić w cienkie plasterki, szalotkę w cienkie półplasterki, a pomidory w ósemki. Gdy zupa w garnku zacznie się lekko gotować, dodać wszystkie pozostałe składniki poza limonką i gotować całość pod przykryciem na minimalnym ogniu przez 15–20 minut. Zupa przez cały ten czas powinna delikatnie bulgotać, a nie intensywnie się gotować i pienić.
4. Po upływie tego czasu, gdy aromaty odpowiednio się rozprowadzą, a boczniaki będą miękkie i nasączone kokosowym wywarem, skosztować zupy i doprawić ją do smaku sokiem z limonki oraz w razie potrzeby większą ilością soli. Powinna być delikatnie słodka i tylko lekko kwaśna, dlatego sok z limonki należy dodawać stopniowo. Kiedy tom kha będzie miała odpowiedni smak, posiekać kolendrę, wsypać do zupy i zamieszać.
5. Na koniec zupę rozlać do misek, dla chętnych na stole można położyć dodatkowe ćwiartki limonki oraz plasterki chili. Jeśli chcecie, żeby zupa wystarczyła za cały obiad, podajcie ją z ugotowanym ryżem.

Najważniejsze w przygotowaniu tom kha jest powolne gotowanie mleczka oraz kolejność dodawania składników. Zupa ma wtedy odpowiedni balans smaku, bo najważniejsze dodatki gotują się dłużej i mocniej aromatyzują bazę. Wiem, że w europejskich restauracjach zupę się przecedza, ale to marnotrawstwo niespotykane w Tajlandii. Warto spróbować, jak dobrze smakują pijane w kokosowym mleku kawałki trawy cytrynowej, szalotki oraz pomidory, a zbędne liście kaffiru po prostu odsunąć. A żeby nic się nie marnowało, z odrzuconych na początku twardych kawałków trawy cytrynowej, przygotujcie napar ze s. 243.

PHO

O zupie pho mogłabym napisać osobną książkę, a do tego jeszcze tomik poezji i powieść romantyczną. Kocham tę słynną wietnamską zupę miłością tak wielką, że właśnie dla niej pojechałam do Wietnamu, aby zjeść jak najwięcej misek i odnaleźć idealną wersję. Myślicie, że chodzi o tradycyjny przepis z wołowiną? Pudło! Wietnamscy buddyści są mistrzami podrabiania mięsnych dań i właściwie nie znają innej kuchni wegetariańskiej niż ta, która naśladuje mięsne wersje. Dlatego już w kilka lat po stworzeniu przepisu na zupę pho, na początku XX wieku zaczęły się pojawiać receptury na *pho chay*, czyli wegetariańską wersję. Spróbowałam bardzo wielu rodzajów, a po tygodniach eksperymentów przygotowałam wersję, która błyskawicznie przenosi na ulice Sajgonu. Wybaczcie nieco długą listę składników, ale uwierzcie mi, że warto się w nie zaopatrzyć — zresztą po pierwszym spróbowaniu i tak się od niej uzależnicie i nie będziecie mieć wyjścia.

NA 4–6 PORCJI:

- 1 cebula
- 1 kawałek imbiru, około 5 cm

- 2 łupiny kardamonu, najlepiej czarnego
- 3 gwiazdki anyżu
- 1 laska cynamonu kasji lub cynamonu cejlońskiego
- 2 łyżeczki nasion kolendry
- 2 łyżeczki nasion fenkułu
- 1 łyżeczka ziaren czarnego pieprzu
- 1 łyżeczka goździków

- 1 bakłażan
- 1 marchewka
- ½ pora, razem z ciemnymi liśćmi
- ½ selera korzeniowego
- ½ kwaśnego jabłka
- olej do smażenia

- 2 łyżki brandy lub whiskey

- 2 łyżki pasty miso
- 3 łyżki sosu sojowego
- ¼–½ łyżeczki cukru trzcinowego

- 10 grzybów shiitake, suszonych
- ¼ szklanki orzeszków ziemnych
- 1 ½ litra wody

1. Cebulę przekroić na pół i obrać, imbir przekroić na pół. Położyć na palniku kuchenki i opalać przez 5–6 minut, do momentu aż obydwa składniki porządnie się przypalą.
2. W tym czasie bardzo mocno rozgrzać suchą patelnię i wsypać na nią wszystkie przyprawy. Prażyć przez 2–3 minuty, aż zaczną intensywnie pachnieć i podskakiwać. Wtedy przesypać na mały talerzyk i odstawić.
3. Wyszorować bakłażana, marchewkę, pora, selera oraz jabłko, następnie pora pokroić w plasterki, a pozostałe składniki w kostkę. W bardzo dużym garnku rozgrzać olej, dodać pokrojone warzywa, uprażone przyprawy, imbir oraz cebulę i wszystko smażyć, nie mieszając za często, a najlepiej wcale, przez 8–10 minut, czyli do momentu, gdy warzywa będą mocno rumiane.
4. Do garnka wlać brandy lub whiskey i intensywnie mieszając, pozwolić alkoholowi odparować. Wówczas dodać do garnka miso, sos sojowy oraz cukier trzcinowy i bardzo dokładnie wymieszać, aż do rozpuszczenia składników. Kiedy już się zmienią w gładką pastę, dodać pozostałe składniki, przykryć garnek i gotować na minimalnym ogniu przynajmniej przez 1 godzinę, a najlepiej przez 2–2 ½ godziny.
5. Po upływie tego czasu zupę przecedzić, jak najdokładniej odciskając warzywa na sicie. Czystej zupy spróbować i finalnie doprawić, dodając w razie potrzeby odrobinę sosu sojowego lub cukru — powinna być intensywna w smaku, lekko słodka, a lekko umami. Nie przejmujcie się, jeśli słodycz wam przeszkadza — zupę podaje się z limonką właśnie po to, aby stworzyć wyraźny, kontrastowy smak.

→
CIĄG DALSZY PRZEPISU NA NASTĘPNEJ STRONIE

←

6. Gdy zupa będzie gotowa, do każdej miseczki nałożyć garść makaronu ryżowego i wlać gorący wywar. Posypać ziołami i podawać z limonką oraz papryczkami chili do samodzielnego użycia.

Niestety, tym razem nie powiem wam, że możecie pominąć niektóre przyprawy albo zastąpić je innymi. Wszystkie są bardzo istotne i nadają zupie pho właściwy aromat. Za to pocieszę was, że każda z tych przypraw sprawi, że będziecie mogli przygotowywać mnóstwo nowych azjatyckich dań, jak choćby mapo tofu (s. 181), seler kung pao (s. 183) czy massaman curry (s. 179).

A dodatkowo: jeśli nie chcecie wyrzucać warzyw z zupy, możecie wykorzystać je jako farsz do pierożków. Wtedy przyprawy po uprażeniu dobrze gotować w kawałku gazy lub płótna zawiązanego sznurkiem, aby łatwo się ich potem pozbyć. Pozostałe warzywa wystarczy posiekać, doprawić sosem sojowym, posiekanym szczypiorem oraz olejem sezamowym, wpakować do ciasta pierogowego, a następnie ugotować na parze. Nie trzeba robić tego od razu, warzywa mogą poczekać w lodówce nawet 5 dni.

ZUPA KIMCHI

Gdybym miała wybrać najbardziej uniwersalny produkt kuchni azjatyckiej, który sprawia, że codzienne gotowanie nagle staje się proste, relaksujące i niebywale pyszne, nie wybrałabym tofu. Ani tempehu. Ani nawet sosu sojowego i pasty miso. Wybrałabym właśnie kimchi, czyli koreańską kapustę kiszoną z czosnkiem, imbirem oraz superwszechsmaczną papryką gochugaru, o której pisałam dużo na s.22. Wystarczy raz na dwa tygodnie zrobić porcję kimchi (s. 257), co wymaga półgodzinnej obecności w kuchni, a potem trzymać w lodówce i po trochu wyjadać. Jeśli tylko macie je pod ręką, możecie podsmażyć je na patelni z wczorajszym ryżem i w 5 minut otrzymać *kimchi bokkeumbap*, wymieszać je z mąką i w 10 minut usmażyć naleśniki *kimchijeon* (s. 185) lub w kwadrans zrobić zupę kimchi zwaną *kimchi guk*. W najprostszej wersji wystarczy podsmażyć cebulę wraz z kimchi, a następnie wlać bulion — i zupa gotowa. Poniżej przedstawiam jednak moją ulubioną wersję z grzybami shiitake.

NA 3–4 PORCJE:

10 grzybów shiitake, suszonych
1 szklanka gorącej wody

1 cebula
• olej do smażenia

1 łyżka koncentratu pomidorowego
½ łyżeczki cukru trzcinowego

400 g kimchi, czyli połowa porcji z przepisu ze s. 257
2 szklanki bulionu

DO PODANIA:

- olej sezamowy,
- posiekany gruby szczypior
- ziarna dowolnego sezamu, opcjonalnie kawałek wodorostów nori

1. Grzyby shiitake zalać gorącą wodą i odstawić. W tym czasie cebulę pokroić w kostkę, w garnku rozgrzać olej i dodać cebulę. Smażyć przez 1–2 minuty, po czym dodać cukier i koncentrat pomidorowy. Smażyć kolejne 1–2 minuty.
2. Grzyby odcedzić, płynu nie wylewać, i pokroić je na mniejsze kawałki. Do garnka dodać kimchi, shiitake wraz z wodą oraz bulion. Garnek przykryć i gotować przez 5–10 minut pod przykryciem. Podawać z olejem sezamowym, szczypiorem, sezamem i opcjonalnie z kawałkiem nori zaczepionym na krawędzi miski.

Ten przepis jest tak prosty, że nie mam dla was żadnej porady. Tu nic nie może się nie udać. Wiwat kimchi!

KREM Z BATATÓW Z ROMESCO

Wszyscy roślinożercy dobrze wiedzą, jak wielką metamorfozę przechodzą pieczone warzywa. Dlatego poniższy przepis bazuje na wielkiej blasze pieczonych warzyw — z batatów przyrządzicie słodką zupę krem, a z pieczonych papryk, czosnku, pomidora i garści migdałów wspaniały kataloński sos romesco.

NA 3–4 PORCJE:

ZUPA:

- 3 bataty (1 kg)
- ½ papryczki chili, pozbawionej pestek
- • olej do smażenia
- 3 ½–4 szklanki bulionu
- 2 łyżki soku z cytryny
- • sól i pieprz

SALSA ROMESCO:

- 2 papryki
- 1 pomidor
- 1 główka czosnku
- 1 kromka chleba
- ¼ szklanki migdałów
- 1 łyżka wędzonej papryki
- 1 łyżka octu, dowolnego
- • sól i pieprz
- ½–¾ szklanki oliwy extra vergine

1. Piekarnik rozgrzać do 200°C, będą w nim pieczone bataty oraz składniki na salsę. Papryki przekroić na pół i oczyścić z nasion, główce czosnku obciąć górę, tak aby było widać ząbki. Na dużej blasze wyłożonej papierem do pieczenia ułożyć przekrojone papryki skórką do góry, czosnek owinąć w kawałek folii aluminiowej i położyć obok, a do tego całego pomidora oraz nieobrane bataty.
2. Wsunąć do gorącego piekarnika i piec przez 20–25 minut, do czasu aż papryki zaczną się mocno przypiekać. Wtedy dołożyć do piekarnika kromkę chleba oraz migdały, piec jeszcze 5 minut i wyjąć wszystko poza batatami. Bataty pozostawić na kolejne 15–20 minut, ponieważ pieką się znacznie dłużej.
3. W czasie gdy bataty się dopiekają, zrobić salsę. Papryki obrać ze skóry, oczyścić z pestek, czosnek wycisnąć z łupin i włożyć z pozostałymi składnikami poza oliwą do kubeczka blendera z małym ostrzem. Blendować przez 1–2 minuty do uzyskania gęstej pasty, na koniec stopniowo wlewać oliwę. W razie potrzeby dodać trochę mniej lub odrobinę więcej, a gotową salsę odstawić.
4. Kiedy bataty będą już bardzo miękkie, wyjąć je z piekarnika. Delikatnie przekroić, za pomocą widelca zdjąć skórkę i podzielić na ćwiartki.
5. W garnku rozgrzać olej, dodać pokrojoną papryczkę chili i podsmażać przez 30 sekund. Następnie dodać bataty, wymieszać, wlać bulion i gotować pod przykryciem przez 5 minut. Zblendować na gładki krem, doprawić sokiem z cytryny, solą oraz pieprzem. Podawać od razu ze sporym kleksem salsy romesco.

Z podanych proporcji otrzymacie spory słoik salsy. To nie przypadek, salsa romesco jest świetnym dodatkiem do wielu dań oraz długo wytrzymuje w lodówce, dlatego jeśli już się ją robi, to od razu sporo. Nie będę wam podpowiadać, z czym ją podawać, bo jestem pewna, że najchętniej wyjecie ją łyżeczką wprost z kubeczka blendera.

CHŁODNIK Z AWOKADO Z CHIMICHURRI

Chimichurri to as w rękawie argentyńskich kucharzy, którzy podają je niemal zawsze i do wszystkiego. Pod tą dźwięczną nazwą kryje się zielony sos zrobiony z drobno siekanych ziół wymieszanych z czosnkiem, chili oraz olejem. Wystarczy zrobić go raz, wpakować do lodówki, a potem podawać do grillowanych warzyw, sałatek, a nawet do chłodnika z awokado.

NA 2–4 PORCJE:

CHŁODNIK:

- 2 łodygi selera naciowego
- 1 fenkuł, nieduży
- 2 ząbki czosnku
- • oliwa z wytłoczyn

- 2 awokado, miękkie i dojrzałe
- 2–3 łyżki soku z limonki
- 1 ½–2 szklanki wody
- • sól i pieprz

SOS CHIMICHURRI:

- 1 szklanka natki pietruszki, niedbale pociętej
- ½ szklanki świeżej kolendry, niedbale pociętej
- ½ szklanki świeżego oregano, niedbale pociętego
- 1 ząbek czosnku
- ¼ papryczki chili, pozbawionej pestek
- 1–2 łyżki octu, winnego lub jabłkowego
- 1 łyżka soku z cytryny
- • sól i czarny pieprz

- 3–4 łyżki oleju, delikatnego w smaku, czyli rzepakowego albo z pestek winogron
- 3–4 łyżki oliwy extra vergine

1. Selera i fenkuł pokroić w cienkie plasterki, czosnek obrać i pozostawić w całości. Na patelni rozgrzać oliwę, dodać wszystkie warzywa i podsmażać przez 5–6 minut, do momentu aż fenkuł oraz seler będą miękkie.
2. Gdy warzywa zmiękną, przełożyć je do miski, dodać pozostałe składniki i całość zmiksować na gładko. W razie potrzeby dodać więcej wody oraz doprawić większą ilością soku z limonki, gotowy chłodnik schować do lodówki.
3. Przygotować chimichurri. Naszykować dużą deskę, pod którą należy podłożyć wilgotny ręcznik papierowy, aby deska nie przesuwała się po blacie. Wysypać zioła i ostrym nożem posiekać na drobną pastę. Przełożyć do słoika, a na desce równie drobno posiekać czosnek oraz chili. Dodać do ziół wraz z octem, sokiem z cytryny, solą, pieprzem, olejem i oliwą, a następnie krótko wymieszać.
4. Chłodnik rozlać do szklanek lub misek, każdą porcję podawać z dużą łyżką chimichurri. Pozostały sos przechowywać w lodówce nawet przez kilka tygodni.

Wiem, co chodzi wam po głowie — zostawcie blender w spokoju! Aby chimichurri smakowało odpowiednio, zioła naprawdę należy posiekać ręcznie. Uwierzcie mi, że zajmie wam to nie więcej niż 5 minut, a dzięki temu sos będzie smakował tak jak powinien.

MEKSYKAŃSKA ZUPA KUKURYDZIANA

Aby ugotować dobrą zupę kukurydzianą, potrzebna jest cała kukurydza — zarówno ziarna, jak i kolba. To właśnie dzięki gotowaniu zeskrobanych ziaren wraz z pustymi kolbami jest naprawdę intensywnie słodka i kukurydziana.

NA 5–6 PORCJI:

4 kolby kukurydzy
1 cebula
• olej do smażenia

½ łyżeczki wędzonej papryki
1 łyżeczka słodkiej papryki
½ łyżeczki płatków chili

2 ziemniaki
1 pomidor

1 ½–2 litry bulionu

DO PODANIA:

• sok z limonki, świeża kolendra

1. Przygotowanie zupy zacząć od obrania kolb kukurydzy z ziaren. Każdą kolbę po kolei ustawić w misce i mocno oprzeć o dno. Za pomocą ostrego noża ściąć ziarna. Po obraniu kolb nie wyrzucać. Cebulę, ziemniaki oraz pomidora pokroić w kostkę.
2. W garnku rozgrzać olej, dodać pokrojoną cebulę wraz z ziarnami oraz kolbami kukurydzy i smażyć przez 2 minuty, do momentu aż cebulka delikatnie się zezłoci. Wtedy dodać wszystkie rodzaje papryki, zamieszać i smażyć jeszcze 1 minutę.
3. Do garnka dodać ziemniaki oraz pomidora, smażyć przez 2–3 minuty, po czym wlać bulion, całość przykryć i gotować 15–18 minut. Wyjąć kolby kukurydzy, odlać szklankę zupy z warzywami, zblendować i wlać z powrotem. Doprawić sokiem z limonki, podawać z dużą garścią świeżej kolendry.

Zupa świetnie smakuje z kawałkami tortilli lub nachosami. W lecie możecie też podać ją z dużą łyżką bobomole (s. 103).

SZWEDZKIE KLOPSIKI Z ŻURAWINĄ

GRZYBOWE MIELONE

BOLOGNESE WEGANESE

CAPONATA Z ZIMOWYCH WARZYW

ORECCHIETTE Z RZODKIEWKĄ I CZOSNKIEM

LASAGNE Z SELERA

GRZYBOWY STROGANOW

PAPRYKOWY GULASZ WĘGIERSKI

CZAKALAKA

MALIJSKI GULASZ Z MASŁEM ORZECHOWYM

ZIELONE CURRY

ZIEMNIACZANE MASSAMAN CURRY

GRZYBOWE MAPO TOFU

SELER KUNG PAO

NALEŚNIK Z KIMCHI

KAPUSTA Z KERALI

CURRY BURACZANE

INDYJSKI FALAFEL

CURRY DLA WIECZNIE GŁODNYCH CHŁOPAKÓW

FASOLA Z PUERTO RICO

DUŻE DANIA

SZWEDZKIE KLOPSIKI Z ŻURAWINĄ

Przyznajcie się — na pewno tak jak ja też kochacie szwedzkie klopsiki rodem z IKEA. Te tradycyjne mięsne klopsy doprawia się zawsze dużą ilością zmielonego ziela angielskiego, a na koniec dodaje odrobinę mleka lub śmietany, aby pulpeciki były delikatniejsze. Dlatego na wypadek, gdybyście mieli za daleko do IKEA, zostawiam wam ten przepis.

NA 20–25 KLOPSIKÓW:

- 1 cebula
- 1 szklanka ugotowanej brązowej soczewicy (½ szklanki suchej)
- 1 ½ szklanki ugotowanego czerwonego ryżu (¾ szklanki suchego)
- ½ szklanki bułki tartej
- ¼ szklanki mleka roślinnego, niesłodzonego
- 2 łyżki sosu sojowego
- 1 łyżeczka zmielonego w młynku ziela angielskiego
- sól i czarny pieprz
- olej do smażenia

DO PODANIA:

- kilka łyżek gorącej żurawiny
- purée ziemniaczane z jabłkiem (s. 256)

1. Cebulę bardzo drobno posiekać. Wszystkie składniki wraz z cebulą włożyć do dużej miski i ręcznie, dokładnie wygnieść na gęstą, zwartą masę. Za pomocą ręcznego blendera część masy bardzo delikatnie zmielić — wystarczy kilka ruchów blenderem w paru miejscach. Na koniec ponownie zagnieść i skosztować. Jeśli trzeba, doprawić do smaku solą oraz pieprzem.
2. Umyć ręce, posmarować olejem i z masy formować małe kuleczki. Następnie na dużej patelni mocno rozgrzać olej, ułożyć połowę pulpecików i smażyć 4–6 minut, delikatnie potrząsając patelnią, aby się obracały i równomiernie rumieniły. Czynność powtórzyć z resztą pulpecików.
3. Gorące pulpeciki podawać z żurawiną, świetnie smakują z purée ziemniaczanym z jabłkiem (s. 256) lub domowymi frytkami.

Żeby klopsiki dobrze się formowały, należy użyć jeszcze ciepłej, dobrze odcedzonej soczewicy oraz ryżu. Jeśli nie macie pod ręką czerwonego ryżu, użyjcie brązowego lub białego — klopsiki będą miały inny kolor, smak nie będzie tak orzechowy, ale wyjdą równie dobrze.

GRZYBOWE MIELONE

To nie jest tak, że wegetarianom oraz weganom brakuje mięsa. Czasem brakuje im pewnych smaków, zapachów i przypraw, które przywołują dobre wspomnienia z dzieciństwa. Czasem brakuje też pewnych rytuałów, takich jak formowanie kotletów z babcią. A czasem po prostu zjadłoby się ziemniaczki, buraczki i... no właśnie, jakiegoś kotleta! Tego wszystkiego brakowało też mojej mamie, która kilka lat temu została wegetarianką, więc stworzyłam dla niej mielone kalafiorowe. Przepis pokazałam na blogu i w mig stał się jednym z najchętniej czytanych. Dlatego postanowiłam przygotować jeszcze bardziej dopieszczoną, niedzielną wersję mielonych kalafiorowych — nadziewanych smażonymi grzybkami z cebulą. Oj, mamo, będziesz bardzo zadowolona!

NA 10–12 KOTLETÓW:

- 1 szklanka startego kalafiora (¼ kalafiora)
- ½ cebuli
- 1 ząbek czosnku
- 1 ½ szklanki ugotowanej kaszy jaglanej (około ¾ szklanki suchej)
- ½ szklanki ziaren słonecznika, podprażonych na suchej patelni i posiekanych
- ¼ szklanki mąki ziemniaczanej
- 2 łyżki oleju do smażenia
- 2 łyżki sosu sojowego
- ½ łyżeczki syropu z agawy
- 1 ½–2 łyżeczki pieprzu ziołowego
- sól i czarny pieprz
- opcjonalnie: bułka tarta do obtoczenia

FARSZ:

- ½ cebuli
- 150 g grzybów leśnych lub pieczarek, świeżych
- olej do smażenia
- sól i czarny pieprz
- garść natki pietruszki

1. Startego na grubych oczkach tarki kalafiora wsypać do miski. Na tych samych oczkach zetrzeć cebulę, a na drobnych czosnek.
2. Do warzyw dodać wszystkie pozostałe składniki i mocno wyrabiać rękami na zwartą, lepką masę. Miskę z masą odstawić do lodówki.
3. Piekarnik rozgrzać do 200°C. Grzyby oczyścić i pokroić w kostkę, cebulę posiekać. Na patelni mocno rozgrzać olej i wrzucić grzyby wraz z cebulą, nie mieszać wcale lub raz czy dwa. Smażyć przez 4–6 minut, do czasu aż grzyby wyraźnie się zarumienią. Dodać sporo posiekanej natki pietruszki, sól oraz czarny pieprz.
4. Wyjąć z lodówki schłodzoną masę, blachę wyłożyć papierem do pieczenia. Nabierać masę w dłonie porządnie nasmarowane olejem, formować placuszek z wgłębieniem, wkładać w nie łyżeczkę farszu i na to nakładać kolejną porcję kotletowej masy. Delikatnie turlać, tworząc kotleta, opcjonalnie obtoczyć w bułce tartej, a następnie odłożyć na blachę piekarnika wyłożoną papierem do pieczenia. Powtarzać aż do zużycia masy i farszu.
5. Gotowe kotlety wsunąć do gorącego piekarnika i piec przez 20–25 minut, do momentu aż bez problemu dadzą się podnieść z blachy. Na koniec obrócić i piec jeszcze 5 minut.
6. Gorące kotlety podawać tradycyjnie z purée ziemniaczanym (s. 256), nowocześnie z frytkami albo w wersji fit z dowolną sałatką.

Halo! Proszę o uwagę! Najlepiej przyrządzić kotlety ze świeżo ugotowanej, ciepłej i lekko rozgotowanej kaszy jaglanej. Zimna, wczorajsza kasza może nie skleić masy. A jeśli masa okaże się i tak za mało klejąca, dosypcie trochę więcej mąki ziemniaczanej i porządnie nasmarujcie ręce olejem — to znacznie ułatwi formowanie kotletów. Możecie również odstawić ją do lodówki: im dłużej się chłodzi, tym łatwiej ją formować. Nie rezygnujcie też z pieprzu ziołowego ani z tarcia cebuli — to dzięki nim kotlety mają odświętny smak.

BOLOGNESE WEGANESE

Na początek muszę rozprawić się z mitami na temat sosu bolońskiego. Jego historia sięga czasów średniowiecznych i pierwotnie składał się z selera, marchewki, mielonego mięsa, wina, niewielu pomidorów oraz śmietanki. Czasem też do sosu dodawano borowiki, nigdy za to nie sypano do niego oregano, tymianku ani bazylii. A już zwłaszcza nie podawano kleksa sosu na suchym spaghetti, tylko zawsze mieszano go z makaronem tagliatelle jeszcze w garnku — zwyczaj polewania ugotowanego makaronu sosem na talerzu wziął się ze Stanów Zjednoczonych, gdzie bolońskie ragù zyskało dużą popularność. Ponieważ jednak lubiący obfitość na talerzu Amerykanie preferowali znacznie większą ilość sosu do makaronu, niż dodaje się we Włoszech, w restauracjach zaczęto podawać osobno talerz z makaronem, a osobno miseczkę z sosem, aby goście (ku zdziwieniu włoskich kucharzy) mogli topić makaron w morzu sosu. Niestety, właśnie ten wariant wdarł się do masowego wyobrażenia o sosie bolońskim, dlatego przybywam na ratunek włoskiej tradycji z wegańską wersją — znacznie bliższą oryginałowi niż większość popularnych bolognese w słoikach i w rzekomo włoskich restauracjach.

NA 3–4 PORCJE:

- 4 łyżki suchej zielonej soczewicy
- 15 grzybów, suszonych
- 1 szklanka bulionu
- 2 łyżki oliwy, dowolnej
- 2 łyżki sosu sojowego

- 1 cebula, mała
- 1 marchewka, mała
- 1 łodyga selera naciowego
- 1 gwiazdka anyżu
- ½ laski cynamonu
- szczypta soli
- oliwa, extra vergine, ewentualnie z wytłoczyn

- ¼ szklanki wytrawnego wina, białego lub czerwonego

- 1 ¼ szklanki passaty pomidorowej
- 1 szklanka bulionu
- sól i czarny pieprz

- 2–3 łyżki mleka roślinnego, niesłodzonego

DO PODANIA:

- 400 g makaronu tagliatelle
- płatki drożdżowe i czarny pieprz

1. Zacząć od przygotowania soczewicy, która po wstępnym obgotowaniu i rozdrobnieniu będzie dogotowywać się w sosie. Soczewicę włożyć do małego garnka wraz z suszonymi grzybami, bulionem, oliwą oraz sosem sojowym. Gotować pod przykryciem na małym ogniu przez 20–25 minut, do momentu aż soczewica wchłonie cały bulion i będzie delikatnie smażyć się na pozostałej oliwie. Wtedy wyłączyć ogień. Wciąż będzie lekko twarda, ale nie należy się tym przejmować.

2. Tymczasem włączyć ulubioną playlistę, wyjąć ostry nóż, a pod deskę podłożyć dwa arkusze wilgotnego ręcznika papierowego — czeka was dużo precyzyjnego krojenia. Cebulę, marchewkę oraz selera pokroić w równą, drobną, 2–3-milimetrową kostkę.

3. W dużym garnku zagotować osoloną wodę na makaron. Na dużej patelni rozgrzać oliwę, dodać pokrojone warzywa wraz z anyżem, cynamonem oraz solą. Smażyć przez 5–7 minut, do momentu aż zrobią się miękkie, a cebulka się zeszkli. Wtedy na patelnię wlać wino, zwiększyć ogień i pozwolić alkoholowi odparować.

4. W tym czasie ugotowaną soczewicę wraz z grzybami z garnka przełożyć do kubeczka blendera z małym ostrzem i pulsacyjnie miksując, rozdrobnić na mniejsze kawałki. Z patelni wyjąć anyż oraz cynamon, dodać soczewicę i intensywnie zamieszać.

5. Do wszystkich składników sosu na patelni dodać passatę, bulion, sól i czarny pieprz. Gotować na małym ogniu przez 5–8 minut, po czym dolać mleko i gotować kolejne 5–8 minut. W tym czasie do gotującej się wody w garnku dodać makaron i gotować do momentu, aż będzie *al dente*, czyli lekko twardy.

→
CIĄG DALSZY PRZEPISU NA NASTĘPNEJ STRONIE

←

6. Kiedy makaron będzie gotowy, odlać z niego szklankę wody, a następnie odcedzić i pod żadnym pozorem nie przelewać zimną wodą ani oliwą. Wrzucić z powrotem do garnka, wlać sos z patelni i w razie potrzeby dolewać po kilka łyżek wody z gotowania makaronu — delikatnie rozrzedza sos, a jednocześnie sprawia, że nie jest wodnisty. Podgrzewać makaron z sosem kilka minut, aż makaron zmięknie.
7. Gorący makaron podawać w głębokim talerzu, opcjonalnie obsypany płatkami drożdżowymi oraz świeżo mielonym czarnym pieprzem.

Żeby przygotować wegetariańskie lub wegańskie danie, które będzie równie dobre jak mięsne, często trzeba zmienić kolejność, technikę oraz przyprawy. W końcu warzywa potrzebują zupełnie innego traktowania, dlatego zapomnijcie o wrzuceniu podgotowanej w wodzie soczewicy i mieszaniu wszystkiego z pomidorami na patelni. Soczewica musi się podgotować, a następnie lekko podsmażyć w garnku: to kluczowy moment tego przepisu. Równie ważne jest dodanie anyżu, który w połączeniu z cebulą uwalnia smak umami, oraz laski cynamonu, która dodaje słodkiej głębi.

CAPONATA Z ZIMOWYCH WARZYW

Caponata to potrawka z bakłażanów, kwintesencja smaku Sycylii. Mięsista, wilgotna, pełna chrupiących kawałków selera i orzeszków piniowych. Lekko słona oraz przeszywająco słodko-kwaśna. Na szczęście oprócz letniej wersji jest też druga, mniej znana, przygotowywana z zimowych warzyw.

NA 2–4 PORCJE:

- ¼–½ główki dowolnej kapusty (800 g)
- 1 cykoria (200 g)
- 2 duże liście jarmużu (200 g)

- 1 czerwona cebula
- 2 łodygi selera naciowego
- 1 szklanka zielonych oliwek
- 3 łyżki kaparów
- 2 łyżki orzeszków piniowych, wcześniej podprażonych
- 2 łyżki rodzynek
- sól
- oliwa z wytłoczyn

- 1 łyżka cukru trzcinowego
- 4 łyżki octu balsamicznego
- sól i czarny pieprz

1. Kapustę, cykorię i jarmuż pokroić w cienkie paski, cebulę w półplasterki, selera naciowego w plasterki, a oliwki w paski.
2. W szerokim, dużym garnku rozgrzać oliwę, wrzucić na nią cebulę, selera, oliwki, kapary, orzeszki piniowe oraz rodzynki. Smażyć przez 1–2 minuty, po czym dodać pokrojoną kapustę, cykorię i jarmuż wraz z ½ łyżeczki soli. Mieszać cierpliwie przez kilka minut, aby warzywa szybciej zmiękły i straciły objętość.
3. Kiedy to nastąpi, dodać pozostałe składniki i dusić jeszcze 15–20 minut, aż warzywa będą miękkie, ale wciąż lekko chrupiące.
4. Na koniec spróbować i w razie potrzeby doprawić większą ilością octu balsamicznego lub soli. Podawać na ciepło z ryżem albo na zimno, świetnie smakuje na mocno przypieczonych bruschettach.

Zimowa caponata to świetny sposób na recykling zapomnianych sałat i kapust. Śmiało odwracajcie proporcje i sięgajcie po różne rodzaje — rukolę, endywię, kapustę pekińską lub czerwoną. Jeśli chcecie, żeby danie było trochę tańsze, zamiast orzeszków piniowych użyjcie posiekanych migdałów lub całych pestek dyni, pamiętajcie jednak, aby mocno je podprażyć.

ORECCHIETTE Z RZODKIEWKĄ I CZOSNKIEM

Wiele razy na blogu lub w swoim programie przypominałam, że ze wszystkich liści można zrobić pesto — a już zwłaszcza z zielonych części marchwi, kalarepy i rzodkiewki. Tym razem jednak chciałam pójść krok dalej i podpowiedzieć wam, jak wykorzystać do obiadu całą rzodkiewkę. Podzielę się więc starym włoskim przepisem, w którym zarówno bulwy, jak i liście podsmaża się na oliwie z czosnkiem oraz chili. O, mniam.

NA 2–3 PORCJE:

200 g makaronu

1 pęczek rzodkiewek
- oliwa z wytłoczyn

2 ząbki czosnku
1 papryczka chili, pozbawiona pestek
- sól i czarny pieprz

¼ pęczka natki pietruszki

DO PODANIA:

- posiekane migdały
- płatki drożdżowe
- czarny pieprz

1. W dużym garnku zagotować osoloną wodę na makaron. W tym czasie odciąć liście z rzodkiewek, bulwy pokroić na ósemki, a liście na dowolne mniejsze kawałki. Czosnek, chili oraz natkę pietruszki posiekać.
2. Do garnka dodać makaron i gotować, aż będzie *al dente*. Na patelni rozgrzać oliwę, wrzucić pokrojone bulwy rzodkiewek i smażyć przez 3–5 minut. Następnie dodać czosnek i chili, przysmażać 30 sekund, wrzucić liście rzodkiewki, natkę pietruszki oraz sporą szczyptę soli i pieprzu. Wymieszać i smażyć jeszcze 1 minutę.
3. Z gotującego się makaronu zachować szklankę wody, makaron odcedzić, nie przelewać zimną wodą i odłożyć z powrotem do garnka. Dodać zawartość patelni i podgrzewając na dużym ogniu, szybko mieszać, w razie potrzeby dodać trochę wody z gotowania makaronu. Podawać od razu, najlepiej na lekko podgrzanych talerzach, posypane migdałami, płatkami drożdżowymi i czarnym pieprzem. Resztkę można wymieszać z większą ilością natki pietruszki i zabrać na lunch do pracy.

Ten przepis jest banalnie prosty, należy tylko wyczuć odpowiedni moment odcedzenia makaronu. Al dente *znaczy „na ząb", czyli makaron ma stawić lekki opór zębom. Właśnie dlatego dodaje się go do dodatków wraz z odrobiną wody, dzięki czemu dogotowuje się na patelni, wchłania aromat warzyw i jest o wiele smaczniejszy.*

LASAGNE Z SELERA

Bulwa selera nie kojarzy się z kuchnią włoską, tymczasem w Italii, jeśli już sięga się po selera, przygotowuje się go niezwykle smacznie. Najczęściej grube plastry krótko się gotuje, a potem zapieka ze słonym pomidorowym sosem z mnóstwem czosnku, a czasem też z dodatkiem kaparów, oliwek oraz prażonej bułki tartej. Ale ja oczywiście musiałam pójść o krok dalej i w podobny sposób przygotowałam selerową lasagne. Jak w przypadku każdej potrawy tego rodzaju, należy włożyć w nią sporo pracy, ale dzięki temu możecie przez trzy następne dni nie gotować obiadów.

1. W dużym garnku zagotować wodę. Selery obrać i pokroić w cienkie, równe plastry grubości 3–4 milimetrów. Tak pokrojone dodać wraz z łyżeczką soli do garnka i gotować od momentu wrzenia wody przez 1 minutę, a następnie delikatnie odcedzić na sitku i szybko rozłożyć na dużym talerzu lub tacy, aby mogły wystygnąć.

2. Przygotować aromatyzowane mleko do sosu beszamelowego. Szalotki obrać i przekroić na pół, a do garnka wlać mleko roślinne. Dodać szalotki, goździk oraz liść laurowy i podgrzewać do momentu, aż płyn zacznie się gotować. Wtedy zdjąć z ognia i odstawić na bok pod przykrywką.

3. Przygotować sos pomidorowy. Do dużego garnka wrzucić pomidory, sól oraz cukier i gotować na średnim ogniu bez pokrywki przez 15 minut. Do mniejszego garnka wlać oliwę, dodać czosnek oraz bazylię i postawić na minimalnym ogniu. Podgrzewać przez 3–4 minuty, do momentu aż czosnek lekko zezłoci się na brzegach, wtedy zdjąć z ognia i odstawić.

4. Przygotować beszamel. Ciepłe mleko przecedzić przez sitko, w garnku zaś rozgrzać oliwę, dodać mąkę oraz płatki drożdżowe. Smażyć przez 2–3 minuty, a następnie wlać ciepłe mleko, intensywnie mieszając. Podgrzewać chwilę, aż do zgęstnienia, doprawić świeżo startą gałką muszkatołową, solą oraz pieprzem.

5. Piekarnik rozgrzać do 200°C. Oliwę aromatyzowaną czosnkiem oraz bazylią przecedzić przez sitko do garnka z pomidorami, wymieszac i wyłączyć ogień. Orzechy krótko zmiksować w blenderze z płatkami drożdżowymi, chili, solą i pieprzem. Hura, wszystko gotowe i można składać lasagne!

6. Na dno dużego żaroodpornego naczynia wylać kilka łyżek beszamelu. Ułożyć plastry selera tak, aby równo pokryły dno i lekko na siebie nachodziły, po czym mocno docisnąć. Na warstwie selerów zrobić kilka kleksów sosu pomidorowego, a między nimi kilka kleksów beszamelu, dbając o to, aby warstwa sosu nie była grubsza niż 1 cm. Położyć kolejną warstwę selerów i czynność powtarzać, aż skończą się składniki, pamiętając o tym, żeby ostatnią warstwą były sosy.

NA 8–12 PORCJI:

3 selery korzeniowe (2 kg)
• sól

SOS BESZAMELOWY:

4 szklanki mleka roślinnego, niesłodzonego
2 szalotki
1 goździk
1 liść laurowy

8 łyżek oliwy z wytłoczyn lub innego oleju do smażenia
6 łyżek mąki pszennej lub ryżowej
5 łyżek płatków drożdżowych, roztartych w palcach na proszek

• szczypta gałki muszkatołowej
• sól i pieprz

SOS POMIDOROWY:

3 puszki pomidorów krojonych
3 łyżeczki soli
3 łyżeczki cukru

6 ząbków czosnku
8 łodyżek bazylii
¼ szklanki oliwy z wytłoczyn

→
CIĄG DALSZY PRZEPISU I SKŁADNIKÓW NA NASTĘPNEJ STRONIE

←

7. Gotową lasagne wsunąć do piekarnika i piec przez 50–60 minut, czyli do momentu, gdy beszamel zacznie się złocić i pokryje się bąblami.

8. Upieczoną lasagne wyjąć, przestudzić kilka minut i kroić. Każdą porcję posypać orzechową posypką oraz liśćmi bazylii.

DO PODANIA:

2 łyżki orzechów włoskich

2 łyżki płatków drożdżowych

- szczypta chili — pieprzu cayenne
- spora szczypta soli i pieprzu, świeża bazylia

Sekretem udanej lasagne jest duża ilość soli w wodzie potrzebnej do obgotowania selera, precyzyjne ułożenie plastrów, bardzo gęsty beszamel, który skleja warstwy, oraz naprawdę cienkie warstwy sosu. Wtedy lasagne jest zwarta, aromatyczna i z łatwością się kroi.

GRZYBOWY STROGANOW

Tego dania nie przywiozłam z podróży. Powstało dzięki temu, że pewnego razu towarzyszyłam przyjaciółce na wyjątkowo niewegetariańskim weselu — na stole nie było żadnej sałatki, warzywa ozdabiające deski wędlin zalane były dodatkowo galaretą, a co chwilę wjeżdżały półmiski pełne parujących kotletów. Nawet ziemniaki podawano wyłącznie ze smażonymi kiełbaskami. Cała moja nadzieja spoczywała w barszczu, który z reguły podaje się o północy. Jakie było moje rozczarowanie, gdy wraz z wybiciem dwunastej pojawiła się przede mną miska ze... Stroganowem. Ze złości następnego dnia przygotowałam ogromny garnek wegańskiej wersji Stroganowa, pełnej grzybów, ostrej musztardy oraz kiszonych ogórków. Poprosiłam przyjaciół o spróbowanie i porównanie z weselną wersją — krzyczeli tylko, że chcą w tej chwili dostać dokładkę, i pytali, czy zrobię coś takiego na ich wesele.

NA 4–6 PORCJI:

- 250 g boczniaków
- 2 łyżki sosu sojowego
- 1 łyżeczka cukru trzcinowego
- olej do smażenia

- 4 szalotki
- 250 g pieczarek
- 4 łyżki żubrówki
- olej do smażenia

- ¾ szklanki mleka roślinnego
- 1 łyżeczka koncentratu pomidorowego
- 1 łyżeczka musztardy, sarepskiej lub dijon
- ½ ogórka kiszonego, posiekanego
- sól i czarny pieprz

DO PODANIA:

- natka pietruszki
- kostki ogórka kiszonego
- posiekana szalotka
- czarny pieprz

1. Boczniaki pokroić w grube paski wzdłuż blaszek. W dużym rondlu rozgrzać olej, dodać grzyby i smażyć przez 3–4 minuty, nie mieszając — mają być złociste i lekko chrupiące. Po tym czasie wlać sos sojowy i wsypać cukier, po czym intensywnie zamieszać i smażyć kolejne 2–3 minuty, do momentu aż cały sos odparuje. Boczniaki wyjąć z rondla i odłożyć na ręcznik papierowy.

2. Szalotki pokroić w półplasterki, pieczarki w ósemki. Do tego samego rondla wlać kilka łyżek oleju, rozgrzać go bardzo mocno i dodać pieczarki. Również nie mieszać, smażyć przez 2–3 minuty, a po tym czasie dodać szalotki. Smażyć kolejne 3–4 minuty, następnie wlać żubrówkę, zwiększyć ogień i czekać, aż alkohol odparuje.

3. Dodać pozostałe składniki. Delikatnie wymieszać i dusić przez 5 minut, na koniec obsypać posiekaną szalotką, natką pietruszki, kostkami ogórka kiszonego oraz czarnym pieprzem. Podawać z ryżem, chlebem lub kaszą gryczaną ulubioną (s. 256).

Zamiast szalotek bez problemu możecie użyć zwykłej cebuli, a żubrówkę zastąpić innym mocnym alkoholem.

PAPRYKOWY GULASZ WĘGIERSKI

Widzieliście przepis na grzybowego Stroganowa na poprzedniej stronie? Bazą jego wspaniałego aromatu były przysmażone osobno, glazurowane boczniaki, które kładzie się na patelni na końcu. Stosując tę metodę, można przygotować różne klasyczne, treściwe gulasze, w tym króla wszystkich gulaszy, czyli paprykowy gulasz węgierski zwany *pörkölt*. Zawsze serwuję go nieprzekonanym do kuchni roślinnej znajomym, a kiedy już go zjedzą, przyjmuję ich przeprosiny i z uśmiechem notuję dla nich ten przepis.

NA 4 PORCJE:

- 500 g boczniaków
- 2 łyżki sosu sojowego
- 1 łyżeczka cukru trzcinowego
- szczypta czarnego pieprzu, grubo mielonego
- olej do smażenia

- 1 cebula
- 2 czerwone papryki
- 1 zielona papryka

- 2 łyżki słodkiej papryki
- 1 łyżka wędzonej papryki

- 1 pomidor
- 1 łyżeczka nasion kminku
- 1 liść laurowy
- sól i czarny pieprz

- 1 ½ szklanki bulionu

DO PODANIA:

- posiekana natka pietruszki
- kasza, kluseczki lub pieczywo

1. Boczniaki pokroić wzdłuż blaszek w grube paski równej grubości. Na bardzo dużej patelni mocno rozgrzać olej (jeśli nie macie dużej patelni, smażcie boczniaki w dwóch partiach). Na rozgrzany olej wrzucić boczniaki i smażyć, nie mieszając, przez 3–4 minuty — grzyby mają być złociste i lekko chrupiące. Po tym czasie wlać sos sojowy, wsypać cukier trzcinowy oraz szczyptę pieprzu i intensywnie wymieszać, tak aby grzyby pokryły się sosem. Smażyć kolejne 2–3 minuty, do momentu aż cały sos odparuje. Boczniaki zdjąć z patelni, odłożyć na ręcznik papierowy, a patelni nie odkładać do mycia.
2. Cebulę posiekać, papryki oraz pomidora pokroić w kostkę. Ponownie rozgrzać patelnię po smażeniu boczniaków, w razie potrzeby dolać łyżkę oleju, a następnie dodać cebulę oraz papryki i smażyć przez 5–7 minut na średnim ogniu. Następnie dodać słodką oraz wędzoną paprykę, intensywnie wymieszać i smażyć przez 30 sekund, po czym szybko dodać pokrojonego pomidora, kminek, liść laurowy oraz sól i pieprz. Wymieszać i podsmażać przez 5 minut.
3. Na koniec dodać usmażone wcześniej boczniaki, bulion, przykryć i dusić przez 10–15 minut. Podawać z natką pietruszki i wybranymi dodatkami.

Do tego gulaszu oraz wszystkich innych węgierskich potrawek takich jak leczo najlepiej nadają się podłużne węgierskie papryki — w Polsce najczęściej nazywają się ramiro.

CZAKALAKA

Czy to nie jest jedna z najzabawniejszych i najmilszych nazw potraw na całym świecie? Kryje się pod nią potrawka z południowej Afryki, a chociaż składa się z niezwykle tanich i mało wyszukanych składników, jest wyjątkowo wyrazista i zawadiacka. Założę się, że większość składników znajdziecie w domu, i jeśli macie teraz wolną chwilę, możecie czakalakę zrobić od ręki.

NA 4–6 PORCJI:

1 ząbek czosnku
1 kawałek imbiru, około 3 cm
• olej do smażenia

2 łyżeczki przyprawy curry

1 cebula
2 marchewki
1 czerwona papryka
1 zielona papryka

⅛–¼ główki kapusty białej, włoskiej lub pekińskiej (250 g)

1 puszka pomidorów krojonych
1 ½ łyżeczki koncentratu pomidorowego
½ szklanki wody
½ łyżeczki tymianku, suszonego
½ łyżeczki białego pieprzu
¼ łyżeczki chili — pieprzu cayenne
• sól

2 szklanki groszku, świeżego lub mrożonego

DO PODANIA:

• kasza jaglana, kasza kukurydziana lub ryż pełnoziarnisty

1. Czosnek oraz imbir obrać i posiekać. Cebulę i papryki pokroić w kostkę, a marchewkę i kapustę zetrzeć na tarce.
2. W dużym garnku rozgrzać olej i dodać czosnek oraz imbir. Smażyć 30 sekund, dodać przyprawę curry i smażyć kolejne 15 sekund. Dorzucić cebulę, marchewkę oraz papryki i bardzo dokładnie zamieszać. Smażyć 2–4 minuty, dodać kapustę, znowu intensywnie zamieszać, po czym dodać wszystkie pozostałe składniki poza groszkiem i gotować pod przykryciem przez 10 minut.
3. Po upływie tego czasu dodać groszek, zamieszać i gotować ostatnie 2 minuty. Podawać gorącą czakalakę z kaszą lub ryżem jako danie główne, świetnie smakuje na zimno jako lunch do pracy.

W zależności od regionu w czakalace lądują inne warzywa strączkowe — czasem jest to groszek, czasem fasolka szparagowa, a czasami biała fasola. Najczęściej są to też warzywa konserwowe z puszki. Dlatego jeśli nie macie pod ręką groszku, użyjcie innych dowolnych warzyw strączkowych.

MALIJSKI GULASZ Z MASŁEM ORZECHOWYM

Maafe, czyli zupa lub gulasz z dodatkiem orzeszków ziemnych, to danie bardzo popularne niemal na całym kontynencie afrykańskim, a pochodzące z Mali. Występuje w większości krajów w zachodniej i centralnej Afryce, w zależności od regionu różni się dodatkiem warzyw oraz gęstością. Jednak niezależnie od miejsca występowania _maafe_ zawsze jest niesamowicie sycące, śliskie od masła orzechowego oraz pachnące kuminem i cynamonem.

NA 6–8 PORCJI:

- ½ laski cynamonu
- 1 łyżeczka nasion kuminu
- ½ łyżeczki nasion kolendry
- ¼ łyżeczki nasion fenkułu
- ¼ łyżeczki ziaren czarnego pieprzu

- ½ cebuli
- 1 kawałek imbiru, około 3 cm
- olej do smażenia

- 1 batat (250 g)
- 2 puszki ciecierzycy (1 ½ szklanki suchej, do namoczenia i ugotowania)
- ¼ łyżeczki płatków chili
- ¼ łyżeczki chili — pieprzu cayenne

- 1 puszka pomidorów krojonych

- 1 ½ szklanki bulionu
- 6 łyżek masła orzechowego
- sól

- 1–2 łyżki soku z cytryny
- garść jarmużu

1. Rozgrzać niedużą patelnię. Po kolei, osobno, prażyć na niej przyprawy, do momentu aż zaczną intensywnie pachnieć. Na koniec wszystkie przesypać do młynka i zmielić.
2. Cebulę i imbir posiekać, a batata obrać i pokroić w grubą kostkę. W garnku rozgrzać olej, dodać pokrojoną cebulę wraz z imbirem i smażyć przez 1–2 minuty. Następnie dodać batata, odcedzoną ciecierzycę, płatki chili, pieprz cayenne oraz wszystkie zmielone przyprawy. Smażyć przez 1–2 minuty, po czym wlać pomidory i dusić przez 3 minuty.
3. Dodać bulion, masło orzechowe oraz szczyptę soli, przykryć garnek i gotować gulasz przez 18–25 minut, do momentu aż bataty będą miękkie. Na koniec dodać garść liści jarmużu, sok z cytryny i w razie potrzeby doprawić większą ilością soli. Podawać z ulubioną kaszą lub pieczywem.

W tym gulaszu łatwo możecie zrecyklingować zapomniane w lodówce warzywa, dlatego śmiało zamiast batata dodajcie marchewkę lub kawałek pietruszki, a zamiast jarmużu posiekaną kapustę.

ZIELONE CURRY

Zielone curry, czyli *kaeng kiaw waan*, to najbardziej rozpoznawalne tajskie curry na całym świecie. Swoją nazwę zawdzięcza zielonym papryczkom, potrzebnym do zrobienia pasty, a popularność zyskało dzięki niezwykłej harmonii smaków — jest cudownie słodkie, lekko kwaśne i odpowiednio ostre. Spokojnie mogłabym poświęcić temu daniu monografię — tak dużo istnieje jego odmian, tak ciekawe są regionalne różnice i wreszcie tak wiele jest sekretów idealnego przyrządzenia. Zjeździłam całą Tajlandię Środkową, skąd pochodzi, a następnie pracowałam nad tym przepisem kilka miesięcy, ale nie będę was zanudzać i się rozpisywać, tylko od razu przejdę do konkretów.

1. Zacząć od przygotowania pasty curry. Mocno rozgrzać małą patelnię i po kolei prażyć wszystkie przyprawy, następnie wsypać je do młynka i zmielić na proszek. Wysypać z młynka i odstawić.
2. Miękką część trawy cytrynowej posiekać na cieniutkie plasterki i zmiksować w młynku wraz z solą. Dodać równie cienko pokrojony w poprzek włókien imbir, całość ponownie zmiksować i przełożyć do kubeczka blendera z małym ostrzem. Dodać sproszkowane przyprawy, papryczki chili, czosnek, szalotkę oraz skórkę otartą z limonki i zmiksować na gładką pastę.
3. Przygotować pozostałe składniki, które będą potrzebne do curry. Z brokuła odciąć różyczki i większe przekroić wzdłuż na pół, łodygę obrać i pokroić w kostkę, bakłażana również w kostkę. Fasolkę szparagową pokroić na nieduże kawałki, posiekać kawałek papryczki chili.
4. Przygotować curry. Na dużą patelnię nałożyć ½ szklanki gęstej warstwy z wierzchu puszki mleczka kokosowego. Utrzymując średni ogień pod patelnią, smażyć śmietankę kokosową przez 4–6 minut — w tym czasie śmietanka się zwarzy, odparuje z niej woda, a na patelni pojawi się gęsty, rozbity na kluski tłuszcz. Do takiego tłuszczu dodać całą pastę curry i delikatnie mieszając, smażyć przez 3–4 minuty.
5. Do podsmażonej pasty curry delikatnie dokładać kolejne łyżki gęstej warstwy mleczka kokosowego, wciąż mieszając i delikatnie smażąc. Jeśli na dnie puszki zobaczycie wodę, nie dodawajcie jej, niech smaży się sama pasta z mleczkiem kokosowym.
6. Do gęstego sosu powstałego na patelni dodać bakłażana, kaffir oraz sporą szczyptę soli i smażyć wszystko przez 3–4 minuty. Następnie dodać pozostałą rzadką zawartość puszki, kolejną całą puszkę mleczka kokosowego oraz wodę kokosową. Doprowadzić do wrzenia i gotować 2 minuty.

NA 4–6 PORCJI:

PASTA CURRY:

- 1 ½ łyżeczki nasion kolendry
- ½ łyżeczki nasion kuminu
- ¼ łyżeczki ziaren czarnego pieprzu
- 3 łodygi trawy cytrynowej
- 1 łyżeczka soli
- 1 kawałek imbiru, około 3 cm
- 4 zielone papryczki chili, pozbawione pestek
- 3 ząbki czosnku
- 1 szalotka
- 1 ½ łyżeczki skórki otartej z limonki

CURRY:

- 1 puszka mleczka kokosowego, najlepiej lekko schłodzona
- 1 bakłażan, mały (300 g)
- 9 liści kaffiru, suszonych
- • spora szczypta soli
- 1 puszka mleczka kokosowego
- ½ szklanki wody kokosowej
- ½ brokuła

→ CIĄG DALSZY PRZEPISU I SKŁADNIKÓW NA NASTĘPNEJ STRONIE

←

7. Na patelnię wrzucić brokuła. Gotować 2 minuty, po czym dodać fasolkę szparagową i gotować jeszcze przez 1 minutę.

8. Na sam koniec do curry wrzucić tajską bazylię oraz chili, dokładnie zamieszać i stopniowo dodać sos sojowy, sok z limonki oraz cukier. To bardzo ważny moment, kiedy curry trzeba próbować i samodzielnie znaleźć właściwy balans, w razie potrzeby dodając więcej jednego z tych składników — powinno być odpowiednio słone, słodkie i lekko orzeźwiające za sprawą limonki. Serwować z ryżem.

200 g zielonej fasolki szparagowej, świeżej, mrożonej lub z puszki

- duża garść liści tajskiej bazylii
- kilka kawałków świeżej papryczki chili, zielonej lub czerwonej

1–2 łyżki sosu sojowego

1–3 łyżeczki soku z limonki

1–2 łyżeczki cukru

W przygotowaniu dobrego curry najważniejsza jest porządna pasta. Żeby ją zrobić, trzeba jak najlepiej wszystko rozdrobnić — dlatego najpierw do młynka dodaje się twarde składniki, a potem, kiedy wszystkie są już odpowiednio zmielone, pastę przekłada się do pojemnika blendera. Największym wyzwaniem jest trawa cytrynowa, stąd konieczność pokrojenia jej w jak najcieńsze plasterki oraz rozdrobnienia z solą, która znacząco ją zmiękcza. Po dodaniu szalotki oraz papryczek pasta robi się wilgotna i wodnista, co mogłoby uszkodzić młynek, za to nie jest przeszkodą dla blendera i dlatego to właśnie w nim kończy się cały proces. Tradycyjnie całość uciera się w dużym kamiennym moździerzu, ale wymaga to dużej siły, wprawy oraz cierpliwości — jeśli macie tego pod dostatkiem, możecie śmiało spróbować. Jeżeli natomiast nie macie ani moździerza, ani młynka, a dysponujecie tylko blenderem, też możecie przygotować curry, ale musicie wykazać się dokładnością w siekaniu i blendowaniu. Natomiast jeśli dziwi was obecność wody kokosowej, która rzadko pojawia się w przepisach na zielone curry, wyjaśniam, że pomaga ona odpowiednio zbalansować smak dania. Po pierwsze dlatego, że oryginalnie zielone curry przygotowuje się na śmietance kokosowej oraz świeżym mleczku kokosowym, które nie jest tak mdłe ani gęste jak to z puszki. Po drugie, dodawany do curry sos rybny skutecznie przełamuje mdły aromat mleczka. Woda kokosowa dzięki temu, że jest rzadka oraz lekko kwaśna, rozwiązuje obydwa problemy. Dodatkowo przyda się wam, jeżeli chcecie podgrzewać curry następnego dnia — dolejcie wtedy kilka łyżek, aby zyskało odpowiednią gęstość.

ZIEMNIACZANE MASSAMAN CURRY

Massaman curry, czyli dosłownie curry muzułmańskie, to jedno z najciekawszych dań kuchni tajskiej, które przywędrowało do Tajlandii z Iranu. Często mówi się o nim jako o tajskiej interpretacji kuchni irańskiej, ponieważ do pasty curry użyte są przyprawy typowe dla kuchni Bliskiego Wschodu, takie jak kardamon oraz cynamon, a całe danie przygotowuje się podobnie jak inne tajskie curry. Jedna z legend mówi o tym, że danie to przyrządziła perska księżniczka, chcąc rozkochać w sobie tajskiego księcia. Nie wiadomo, czy to prawda, ale pewne jest to, że silnie uzależnia i może łamać serca.

NA 4–6 PORCJI:

PASTA:

- 1 łyżeczka nasion kolendry
- 1 łyżeczka nasion kuminu
- ½ łyżeczki ziaren czarnego pieprzu
- 2 łupiny kardamonu
- ½ laski cynamonu
- ½ gwiazdki anyżu
- 1 szalotka, przekrojona na pół
- 2 ząbki czosnku, obrane, w całości

- ¼ łyżeczki gałki muszkatołowej

- 1 łodyga trawy cytrynowej
- ½ łyżeczki soli

- 3 łyżki sosu sambal oelek

CURRY:

- 200 g boczniaków
- • olej do smażenia
- 3–4 łyżki oleju do smażenia
- ¼ szklanki orzeszków ziemnych
- 2 ziemniaki (300 g)
- 3 szalotki

- 1 puszka mleczka kokosowego
- ¼ szklanki soku z pomarańczy
- 1 łyżka sosu sojowego
- ½–1 łyżka soku z limonki
- 1–2 łyżeczki cukru

1. Zacząć od przygotowania pasty curry. Mocno rozgrzać małą patelnię i po kolei prażyć przyprawy (z wyjątkiem gałki muszkatołowej), do momentu aż zaczną intensywnie pachnieć. Na koniec na tej samej suchej patelni podprażyć szalotkę oraz czosnek.

2. Do młynka wsypać wszystkie przyprawy, dokładnie zmielić na proszek i odsypać do miseczki. Trawę cytrynową pokroić w bardzo cienkie plasterki, wrzucić do młynka wraz z solą i zmielić. Przełożyć zmieloną trawę do kubeczka blendera, dodać szalotkę, czosnek oraz zmielone wcześniej przyprawy i ponownie zmielić. Do powstałej pasty dodać sambal i zmiksować na gładko.

3. Boczniaki pokroić na mniejsze kawałki, a na dużej patelni mocno rozgrzać olej. Włożyć pokrojone grzyby, nie mieszać i podsmażać przez 3 minuty. Po tym czasie zamieszać, smażyć kolejne 2 minuty i zdjąć grzyby z patelni.

4. Przygotować curry. Ziemniaki obrać i pokroić w grubą kostkę, szalotki wzdłuż na ósemki. Na patelnię, na której smażyły się boczniaki, wylać więcej oleju i porządnie go rozgrzać, a następnie dodać orzeszki. Smażyć przez 1 minutę, po czym dodać pastę curry i smażyć kolejne 2–3 minuty, do momentu aż będzie intensywnie pachnieć i bulgotać. Dodać ziemniaki oraz szalotki i smażyć, mieszając, przez 3–4 minuty.

5. Dodać obsmażone wcześniej boczniaki i stopniowo wlewać mleczko kokosowe, nieustannie mieszając. Smażyć przez 2–3 minuty, po czym dodać sok z pomarańczy, sos sojowy, sok z limonki oraz cukier i gotować na dużym ogniu przez 8–10 minut, aż ziemniaki zmiękną. Podawać z ulubionym ryżem.

Tradycyjnie do tego curry nie używa się sosu sambal, tylko dużych suszonych papryczek chili, które moczy się w gorącej wodzie, a potem rozciera na pastę. Szanse na upolowanie takich papryk są jednak znikome, więc dla ułatwienia zamieniłam je na sambal. Przed przygotowaniem tego curry możecie też rzucić okiem na porady pomocne przy samodzielnym robieniu pasty, które znajdziecie na poprzedniej stronie.

GRZYBOWE MAPO TOFU

W tej książce miało nie być przepisów z tofu. Obiecałam to sobie solennie i zakazałam sobie takich receptur, bo wiem, jak dużo osób nieprzekonanych do kuchni roślinnej obawia się, że jeśli ktoś nie je mięsa, musi nieustannie chodzić do sklepu po sojowy serek. Jednak gdy w Korei objadałam się tym daniem na okrągło, wiedziałam już, że będzie mi ciężko wytrwać w tym postanowieniu. Pękłam zupełnie po spróbowaniu mapo tofu w wykonaniu mojego idola, czyli szalonego Danny'ego Bowiena z legendarnej Mission Chinese Food w San Francisco. Co tu dużo mówić, dedykuję to danie wszystkim, którzy boją się, że kuchnia roślinna jest dla mięczaków, i tym, którzy nie wierzą, że tofu może być smaczne.

NA 4–5 PORCJI:

SOS:

- 15 grzybów shiitake, suszonych
- 1 ½ szklanki gorącej wody
- 4 łyżki sosu sojowego

- 3 łyżki pasty miso
- 2 łyżki wody z kiszonych ogórków lub octu ryżowego
- 2 łyżki papryki gochugaru
- 3 łyżki koncentratu pomidorowego

ORAZ:

- ⅓ szklanki oleju do smażenia

- 10 ząbków czosnku
- 1 gwiazdka anyżu
- 1 kawałek imbiru, około 3 cm
- 1 łyżeczka pieprzu syczuańskiego, uprażonego i zmielonego

- 1 szklanka wody
- 4 grzyby shiitake, zmielone w młynku na proszek
- ½ łyżeczki cukru trzcinowego
- ¼ łyżeczki soli

- 3 kostki tofu (540 g)
- 1 łyżeczka soli

1. Grzyby shiitake zalać gorącą wodą, dodać sos sojowy i przycisnąć czymś ciężkim, aby dokładnie się zanurzyły. Pozostawić na przynajmniej 30 minut.
2. Namoczone grzyby odcedzić, a płyn zachować. Shiitake rozdrobnić w kubeczku blendera z małym ostrzem na nieduże kawałki, po czym znowu włożyć do miski, dodać pozostawioną z moczenia wodę oraz resztę składników sosu. Dokładnie zamieszać i odstawić.
3. Czosnek oraz imbir posiekać. W dużym garnku rozgrzać olej, dodać czosnek, imbir, anyż oraz pieprz syczuański. Smażyć przez 1 minutę, po czym wlać przygotowany w misce sos i wszystkie pozostałe składniki poza tofu. Gotować na niewielkim ogniu przez 15–20 minut.
4. W tym czasie w małym garnku zagotować wodę z solą, tofu pokroić w kostkę i wrzucić do wody. Gotować 1 minutę, odcedzić i wrzucić do gulaszu, gdy będzie gotowy. Krótko zamieszać i podawać posypane szczypiorem, odrobiną kolendry oraz szczyptą pieprzu syczuańskiego. Najlepiej smakuje z dużą porcją ryżu, jeszcze lepsze jest następnego dnia.

Oryginalnie to danie przygotowuje się w woku, a także używa się do niego wielu niedostępnych w Polsce składników, takich jak ostra pasta doubanjiang czy też pasta z fermentowanej czarnej fasoli. Dlatego ja przygotowuję je w formie nieco dłużej gotowanego gulaszu, a zamiast trudno dostępnych past używam pasty miso oraz odrobiny wody z kiszonych ogórków. Jak to było? Cudze chwalicie, swego nie znacie?

SELER KUNG PAO

***Kung pao* to danie z woka, pochodzące z chińskiej prowincji Syczuan. Jego wyjątkowość tkwi w dodatku pieprzu syczuańskiego, cukru oraz orzeszków ziemnych, przez co danie zyskuje charakterystyczny słodko--ostry smak o mocno orzechowym aromacie. W tradycyjnych restauracjach w tym sosie serwuje się kurczaka, ale w Singapurze chińscy buddyści podają w wegetariańskich miejscówkach przygotowane tak bakłażany, bataty oraz dynie. A ja postanowiłam wrzucić tam swojskiego, pełnego piątego smaku selera, i było to najlepsze kung pao, jakie jadłam.**

NA 2–4 PORCJE:

- 1 seler korzeniowy (500 g)
- olej do smażenia

- 1 szklanka wody
- 2 łyżki sosu sojowego

- ¼ szklanki orzeszków ziemnych
- olej do smażenia

- 2 ząbki czosnku
- 1 kawałek imbiru, około 3 cm
- 1 papryczka chili, pozbawiona pestek
- 1 łyżeczka pieprzu syczuańskiego, podprażonego i zmielonego

- ½ papryki czerwonej
- ½ pora, razem z ciemnymi liśćmi

- ½ pęczka szczypioru, grubego

SOS:

- 2 łyżki sosu sojowego
- 2 łyżki octu ryżowego
- 2 łyżeczki oleju sezamowego
- 2 łyżeczki cukru trzcinowego
- 2 łyżeczki skrobi kukurydzianej lub ziemniaczanej

DO PODANIA:

- ulubiony rodzaj ryżu

1. Selera obrać i pokroić w równą kostkę, najlepiej o grubości 1–2 cm. Na patelni rozgrzać olej, wrzucić selera i smażyć na dużym ogniu, nie mieszając, przez 2–3 minuty. Dopiero po tym czasie zamieszać i smażyć kolejne 2–3 minuty — dzięki temu seler się przyrumieni i będzie znacznie słodszy.
2. Po upływie tego czasu na patelnię wlać wodę oraz sos sojowy i przykryć pokrywką. Gotować przez 6–10 minut, do momentu aż seler zmięknie.
3. W tym czasie wymieszać wszystkie składniki sosu i odstawić. Paprykę pokroić w grubą kostkę, pora w plasterki, a czosnek, imbir oraz chili posiekać.
4. Podgotowanego selera odcedzić, patelnię wytrzeć ręcznikiem papierowym i znowu rozgrzać na niej olej. Dodać orzeszki i smażyć przez 1 minutę, a następnie dodać czosnek, chili, imbir oraz pieprz syczuański. Smażyć przez 30 sekund, po czym dodać paprykę oraz pora i smażyć kolejne 2–3 minuty.
5. Po tym czasie dodać selera, wlać sos i smażyć przez 2–3 minuty na największym ogniu, wciąż mieszając, aby sos jak najszybciej odparował, oblepiając całego selera.
6. Na sam koniec szczypior pokroić na mniejsze kawałki, wsypać, zamieszać ostatni raz i podawać gorącego selera z ryżem.

Aby danie miało jak najwyraźniejszy smak, użyjcie dużej patelni ustawionej na największym palniku. Dania stir fry *najlepiej smażyć mocno i szybko.*

NALEŚNIK Z KIMCHI

Z reguły staram się do niczego was nie namawiać ani nie przekonywać, ale dla kimchi, czyli koreańskiej ostrej kiszonej kapusty, po prostu muszę zrobić wyjątek — i dlatego w wielu miejscach tej książki będę was zachęcać do przygotowania domowego kimchi. Jest to dziecinnie proste (s. 257), a gotowe kimchi poczeka w lodówce kilka tygodni lub miesięcy. W tym czasie możecie przygotowywać z niego tak proste i przepyszne potrawy jak moja ukochana zupa kimchi (s. 141) albo naleśnik z kimchi, którego przygotowanie zajmie niecałe 10 minut.

NA 1 DUŻY LUB 2 MNIEJSZE NALEŚNIKI:

- 1 szklanka kimchi (s. 257)
- ¼ szklanki soku z kimchi
- ¼ pęczka szczypiorku, cienkiego
- ½ łyżeczki soli
- ½ łyżeczki cukru, dowolnego

- ½ szklanki mąki pszennej
- 2–3 łyżki wody
- olej do smażenia

DO PODANIA:

- szczypior gruby i sezam

1. Odcedzić porcję domowego kimchi, tak żeby uzyskać szklankę kapusty, dodatkowo odmierzyć ¼ szklanki soku z kimchi. Odmierzone kimchi posiekać na mniejsze kawałki i włożyć do miski. Dodać do tego sok z kimchi, szczypiorek, sól oraz cukier i wszystko wymieszać.
2. Do miski z kimchi dodać mąkę oraz wodę i dokładnie wymieszać łyżką na gęste ciasto naleśnikowe.
3. Na patelni mocno rozgrzać kilka łyżek oleju. Na to wyłożyć ciasto i smażyć z jednej strony przez 3–4 minuty, a następnie obrócić i tak samo smażyć z drugiej. Naleśniki jeść na gorąco lub na zimno, posypane szczypiorem i sezamem.

Jeśli chcecie wyprawić prawdziwą koreańską ucztę, możecie duży naleśnik położyć na wspólnym talerzu i przygotować nożyczki — niech każdy odcina tyle placka, na ile ma ochotę.

KAPUSTA Z KERALI

Kerala to region w południowych Indiach słynący z przepysznej, wyjątkowo intensywnie doprawionej kuchni. To właśnie tam do dzisiaj uprawia się większość indyjskich przypraw i to właśnie tam kawałek zwyczajnej kapusty zmienia się w delikatnie pikantną potrawkę.

NA 2 PORCJE:

PASTA:

- 1 szklanka wiórków kokosowych
- 1 łyżeczka kuminu, mielonego
- ¼ łyżeczki chili — pieprzu cayenne
- ¼ łyżeczki kurkumy, mielonej
- 1–2 łyżki gorącej wody

- ⅛ główki kapusty (250 g)

- ½ cebuli
- ½ ząbka czosnku
- ½ papryczki chili, pozbawionej pestek
- ½ łyżeczki nasion czarnej gorczycy
- 1 kawałek imbiru, około 3 cm
- 2–3 łyżki oleju kokosowego, najlepiej tłoczonego na zimno

- 20 liści curry, suszonych

- ½ szklanki wody
- spora szczypta soli

DO PODANIA:

- garść wiórków kokosowych oraz ugotowany ryż

1. Wszystkie składniki na pastę włożyć do kubeczka blendera z małym ostrzem i zblendować. Odstawić.
2. Kapustę poszatkować na cienkie paski. Cebulę, czosnek, chili oraz imbir posiekać. Na patelni rozgrzać olej kokosowy, dodać posiekaną cebulę, czosnek, chili i imbir wraz z gorczycą i smażyć przez 2–3 minuty, do czasu aż zaczną intensywnie pachnieć.
3. Gdy wszystko będzie odpowiednio podsmażone, dodać liście curry, zamieszać i wsypać kapustę. Krótko wymieszać, a następnie dodać przygotowaną wcześniej pastę i smażyć wszystko razem przez 5–7 minut.
4. Po tym czasie wlać wodę ze sporą szczyptą soli i gotować na małym ogniu, dopóki cała woda nie odparuje. Gotową kapustę podawać z porcją wiórków kokosowych na wierzchu oraz ugotowanym białym ryżem.

Olej kokosowy jest dość ważnym składnikiem tego przepisu, ponieważ nadaje potrawie kokosowy, głęboki, słodkawy smak. Lepiej z niego nie rezygnować.

CURRY BURACZANE

To curry było jednym z najbardziej zaskakujących dań, których spróbowałam w podróży. Lankijczycy okazali się prawdziwymi mistrzami w przyrządzaniu buraków — łączą je z laskami cynamonu, ziarnami gorczycy oraz kozieradki. I jak się okazało, w połączeniu z tymi przyprawami buraki smakują jeszcze lepiej niż w moim ukochanym kremie kokosowym.

NA 2–4 PORCJE:

3 buraki (600 g)

1 cebula
1 łyżeczka nasion czarnej gorczycy
1 laska cynamonu
½ papryczki chili, pozbawionej pestek
• olej do smażenia

⅓ łyżeczki nasion kozieradki, zmielonych w młynku
⅓ łyżeczki nasion kolendry, zmielonych w młynku
10 liści curry, suszonych

1 puszka mleczka kokosowego
¼ szklanki wody
• sól

DO PODANIA:

1–2 łyżki soku z limonki i ulubiony ryż

1. Buraki obrać i pokroić w zapałkę. Cebulę pokroić w kostkę, a chili posiekać.
2. Na dużej patelni lub w rondlu rozgrzać olej i wrzucić cebulę, chili oraz laskę cynamonu i gorczycę. Smażyć przez 1–2 minuty, po tym czasie dodać zmieloną kozieradkę, zmieloną kolendrę oraz liście curry i smażyć 30 sekund, ponownie zamieszać i wsypać pokrojone buraki.
3. Całość wymieszać i smażyć przez 1–2 minuty. Następnie wlać mleczko kokosowe, wodę oraz dodać sporą szczyptę soli. Przykryć i gotować przez 20–35 minut.
4. Na koniec, gdy buraki odpowiednio zmiękną, dodać sok z limonki i wymieszać. Podawać z ryżem, a także z kokosowym sambolem, jeśli został wam z przygotowania dalu (s. 57).

Duża rozpiętość w czasie gotowania buraków wynika z tego, że stare buraki gotują się dłużej, a młode znacznie krócej.

INDYJSKI FALAFEL

Kilka lat temu falafele podbiły wszystkie bary, restauracje oraz blogi z kuchnią roślinną. Jednak kotleciki przygotowywane z surowych, moczonych w wodzie roślin strączkowych występują nie tylko na Bliskim Wschodzie. Bardzo podobne danie króluje na ulicach w południowych Indiach i nazywa się *masala vada*. Przygotowuje się je z moczonych połówek grochu, które w Polsce można kupić niemal w każdym sklepie, różnią się też dodatkami oraz przyprawami. Dlatego jeśli znudził się wam już falafel, spróbujcie go w nowej, indyjskiej wersji.

NA 12–14 KOTLECIKÓW:

- 1 szklanka połówek ziaren grochu, namoczonych przez noc w wodzie

- ½ łyżeczki nasion fenkułu
- ½ laski cynamonu
- ¼ łyżeczki nasion kolendry
- ¼ łyżeczki nasion kuminu
- 1 papryczka chili, pozbawiona pestek
- 1 łyżeczka soli

- 1 cebula
- ¼ pęczka kolendry
- 10 liści curry, suszonych
- • olej do smażenia

1. Namoczony groch odcedzić, odsypać ¼ szklanki, a resztę zmielić za pomocą blendera na grudkowatą pastę. Przełożyć do miski i dodać zachowane, niezmielone ziarna grochu.
2. Wszystkie przyprawy zmielić w młynku lub rozetrzeć w moździerzu. Cebulę pokroić w dużą kostkę, a liście curry oraz kolendrę niedbale posiekać. Tak przygotowane dodatki dorzucić do grochu i zagnieść falafelową masę. Sprawdzić, czy masa ma odpowiednią konsystencję: należy ją ścisnąć w dłoni, po otwarciu dłoni masa nie może się rozpłynąć, musi zachować nadany kształt. Przykryć szczelnie folią i odstawić do lodówki na pół godziny lub dłużej.
3. Kiedy masa się schłodzi, na patelni rozgrzać grubą warstwę oleju. Formować nieduże kotleciki, mocno je ściskając, i układać na patelni. Smażyć z każdej strony po 2–3 minuty, podawać gorące z ulubionym sosem lub świeżymi warzywami.

Dzięki temu, że do przygotowania kotlecików używa się grochu, a nie jak w przypadku arabskich falafeli ciecierzycy, ze zmieleniem masy poradzi sobie każdy blender. Pamiętajcie jednak, że masa nie może być zbyt jednolita — powinna przypominać grube okruchy, a nie pasztet. Za to im grubiej pokroicie cebulę, tym lepiej — podczas smażenia staje się karmelowa i nadaje wspaniałą słodycz.

THE CURRY SECRET

CURRY DLA WIECZNIE GŁODNYCH CHŁOPAKÓW

Mój chłopak też jest weganinem, a do tego wyczynowo jeździ na rowerze. W praktyce oznacza to, że jest ciągle głodny i w mgnieniu oka pożera trzy talerze zupy oraz dwa drugie dania. Aby uniknąć ryzyka, że nie naje się obiadem albo zje na raz cały garnek zupy, stworzyłam dla niego curry, po którym nigdy nie jest głodny, a którego przygotowanie jest tak proste i szybkie, że z łatwością potrafi je zrobić między pracą a kolejnym treningiem.

NA 4–6 PORCJI:

- 2 łyżeczki nasion kolendry
- 2 ½ łyżeczki nasion kuminu
- ½ łyżeczki ziaren czarnego pieprzu
- 1 ½ laski cynamonu
- 4 goździki
- 2 liście laurowe

- olej do smażenia

- 3 puszki ciecierzycy (2 ¾ szklanki suchej, do namoczenia i ugotowania)
- 1 cebula
- 1 kawałek imbiru, około 3 cm
- ½ papryczki chili, pozbawionej pestek

- 1 puszka pomidorów krojonych
- 1 ½ szklanki wody
- 1 łyżeczka kurkumy, mielonej
- 1 ½ łyżeczki soli
- 1 łyżeczka cukru trzcinowego

DO PODANIA:

- ulubiony ryż lub kasza, świeża kolendra

1. Rozgrzać patelnię, odłożyć 1 ½ łyżeczki nasion kuminu — przydadzą się potem. Wszystkie pozostałe przyprawy wsypać na patelnię i porządnie je podprażać przez około 30 sekund. Następnie przesypać do młynka i zmielić na proszek. Cebulę, imbir, papryczkę chili posiekać.
2. W dużym garnku rozgrzać olej, dodać pozostawione nasiona kuminu i smażyć przez 30 sekund. Dodać odcedzoną ciecierzycę, cebulę, imbir oraz papryczkę i smażyć przez 5 minut, do momentu aż cebula zrobi się złota.
3. Dorzucić zmielone przyprawy, smażyć, mieszając, przez 1 minutę, po czym dodać wszystkie pozostałe składniki. Przykryć i gotować przez 10–12 minut.
4. Gotowe curry podawać z ryżem lub kaszą, obsypane mnóstwem liści kolendry.

Żeby ułatwić przygotowanie tego dania, możecie przygotować mieszankę przypraw ze zwielokrotnionych porcji, następnie przesypać ją do słoika i trzymać na półce. Na jedną porcję potrzebujecie 1 ½ łyżki gotowej mieszanki.

FASOLA Z PUERTO RICO

Jednogarnkowe dania z czerwoną fasolą, takie jak meksykańskie chili sin carne, są uwielbiane przez wielu wegetarian oraz wegan. Nie wymagają dużo pracy, można się nimi szybko najeść i za jednym zamachem przygotować obiad na kilka następnych dni.

NA 6–8 PORCJI:

- 2 cebule
- 1 zielona papryka
- 1 czerwona papryka
- 2 ząbki czosnku
- ¼ szklanki zielonych oliwek
- 1 pęczek kolendry
- 1 łyżka kaparów
- olej do smażenia

- 1 łyżeczka wędzonej papryki
- 1 łyżeczka kuminu, mielonego
- 1 łyżeczka kolendry, mielonej
- 1 łyżeczka oregano, suszonego

- 2 puszki czerwonej fasoli (1 ½ szklanki fasoli suchej, do namoczenia i ugotowania)
- 1 puszka pomidorów krojonych
- ½ szklanki wody
- sól i czarny pieprz

DO PODANIA:

- ulubiony rodzaj ryżu

1. Cebule pokroić w bardzo drobną kostkę, papryki w mniej drobną, czosnek posiekać, oliwki pokroić w paski, a z pęczka kolendry odciąć łodyżki i również drobno pokroić — liście zachować na koniec do podania potrawy. W dużym garnku rozgrzać olej, wrzucić na niego przygotowane warzywa i smażyć przez 5–8 minut.
2. Dorzucić wszystkie przyprawy, smażyć jeszcze 1 minutę, ciągle mieszając, po czym dodać pozostałe składniki. Przykryć i gotować przez 15 minut, na koniec doprawić do smaku solą oraz pieprzem i podawać ze świeżą kolendrą oraz ryżem.

To jedno z tych dań, które od razu po zrobieniu dzielę na pół i część jem przez najbliższe dwa lub trzy dni, a część mrożę na czarną godzinę.

BABKA POMIDOROWA

BAJADERKI CIECIERZYCOWE

CIASTO DYNIOWE EARL GREY

UKRAIŃSKA CHAŁWA SŁONECZNIKOWA

WŁOSKIE CIASTO CUKINIOWE

SYCYLIJSKI BIAŁY PUDDING

MAGICZNY MUS CZEKOLADOWY

GRUSZKA STICKY RICE

PUDDING KUKURYDZIANY

GRUSZKI Z TAJSKĄ BAZYLIĄ

ANKO

LODY Z MASŁEM ORZECHOWYM I CURRY

DESERY

BABKA POMIDOROWA

W Stanach piecze się ciasto marchewkowe, w Kanadzie triumfy święcą desery z batatów, a w Turcji internet podbiło ciasto szpinakowe. Jako odpowiedź na te przeboje postanowiłam przygotować pomidorowy chlebek, który pokazałam na blogu latem. Szybko stał się ulubionym ciastem, dlatego tutaj chciałam się z wami podzielić jeszcze smaczniejszym i bardziej przeze mnie lubianym przepisem na pękatą babę pomidorową. Pamiętajcie, że pomidory nie tylko zmieniają kolor i nadają przyjemny aromat, ale też sprawiają, że baba wspaniale rośnie i udaje się nawet początkującym piekarkom i piekarzom.

NA FOREMKĘ DO PIECZENIA BAB:

- spora szczypta nitek szafranu

1 szklanka pomidorów krojonych z puszki
1 banan
½ szklanki oleju do smażenia
½ szklanki cukru
2 łyżeczki skórki otartej z pomarańczy

2 szklanki mąki pszennej
1 łyżeczka sody
½ łyżeczki proszku do pieczenia
½ łyżeczki soli

- oraz: olej, bułka tarta, cukier puder

1. Szafran wsypać do szklanki i zalać 1 łyżką wrzątku. Piekarnik rozgrzać do 180°C. Do wysokiego naczynia blendera włożyć szklankę pomidorów z puszki, banana, olej, cukier, skórkę otartą z pomarańczy i dokładnie zmiksować na gładki, gęsty krem. Dodać wodę z rozpuszczonym szafranem i ponownie zmiksować.
2. Osobno w dużej misce dokładnie wymieszać mąkę, sodę, proszek do pieczenia i sól. Wlać zmiksowaną masę pomidorowo-bananową i bardzo krótko wymieszać łyżką.
3. Foremkę natrzeć olejem i porządnie wysypać bułką tartą. Przełożyć do niej ciasto i wsunąć do gorącego piekarnika. Piec przez 50–55 minut na złoty kolor. Po tym czasie ostudzić i obsypać cukrem pudrem.

Pamiętacie o s. 31? Szklanka pomidorów to nie puszka, zawartość puszki przełóżcie do miarki i odmierzcie odpowiednią ilość. Pamiętajcie też, żeby użyć krojonych pomidorów, a nie passaty, która ma znacznie intensywniejszy smak. Dodatkowo, jeżeli nie macie pod ręką szafranu, dodajcie sporą szczyptę imbiru, pomidorowym ciastom dobrze robi dodatek ostrych przypraw.

BAJADERKI CIECIERZYCOWE

Bajaderka, w Poznaniu nazywana bombą rumową, to jeden z najmniej poważanych deserów. Wszyscy dobrze wiedzą, że składa się po prostu z okruchów i cukierniczych resztek, które dla niepoznaki doprawia się sporą ilością rumu, kakao oraz cukru. Co innego bajaderka zrobiona z ciecierzycy i daktyli!

NA 8–10 BAJADEREK:

- 10 suszonych daktyli, bez pestek
- ½ szklanki rumu lub innego ulubionego mocnego alkoholu
- 1 puszka ciecierzycy (¾ szklanki suchej, do namoczenia i ugotowania)
- 2 łyżki kakao
- szczypta soli
- 2 łyżki masła orzechowego

POLEWA:

- ½ gorzkiej czekolady
- 1 ½ łyżki oleju, najlepiej ryżowego, kokosowego lub z pestek winogron

DO POSYPANIA:

- wiórki kokosowe, siekane orzechy, cynamon, chili lub inne ulubione składniki

1. Daktyle włożyć do małego rondelka i zalać rumem. Jeśli nie wszystkie są przykryte, dolać trochę wody, następnie rondelek przykryć i gotować daktyle przez 5–7 minut, do czasu aż wchłoną cały płyn.
2. W tym czasie ciecierzycę odsączyć, ale płynu nie wylewać — można przecież z niego zrobić czekoladowy mus (s. 211). Odsączoną ciecierzycę wrzucić do kubeczka blendera z małym ostrzem i zmiksować na grudkowatą masę. Do masy dodać kakao wraz z solą i ponownie zmiksować.
3. Ugotowane daktyle wrzucić do zmiksowanej ciecierzycy wraz z masłem orzechowym i zmiksować na kleistą pastę. Dłonie posmarować olejem i formować kulki, a jeśli macie chwilę, możecie masę odłożyć do lodówki na kilkanaście minut — to znacznie ułatwia turlanie.
4. Gdy wszystkie bajaderki będą gotowe, w rondelku roztopić czekoladę z olejem i każdą kuleczkę moczyć w polewie, a na koniec posypać ulubionymi dodatkami. Można je przechowywać w lodówce nawet do miesiąca.

Jeśli chcecie uniknąć dodatku alkoholu, daktyle ugotujcie w mocnej herbacie, a do bajaderek dodajcie łyżeczkę ekstraktu rumowego lub waniliowego. Natomiast jeśli masa bajaderkowa jest zbyt rzadka, dajcie jej minimum pół godziny w lodówce, z kolei gdy jest za gęsta, dodajcie jedną lub dwie łyżki wody.

CIASTO DYNIOWE EARL GREY

Ciasta, babki, chlebki i inne dyniowe wypieki mają niezłego pecha. Wiele lat temu ktoś wymyślił, że najlepiej będzie je doprawiać cynamonem, imbirem, ewentualnie kardamonem, i tak już zostało. A przecież słodkie, miękkie dyniowe ciasto smakuje niesamowicie dobrze, gdy zaostrzy się jego smak przyprawą curry, roztartym jałowcem albo poczciwą herbatą Earl Grey, która nie tylko nadaje przyjemną, głęboką goryczkę, ale też delikatny kwiatowy aromat.

NA 2 MAŁE KEKSÓWKI LUB 1 DUŻĄ:

- 2 szklanki mąki pszennej
- 1 łyżeczka proszku do pieczenia
- ½ łyżeczki sody oczyszczonej
- ⅓ łyżeczki soli

- 1 szklanka purée z dyni
- ¾ szklanki cukru trzcinowego
- ½ szklanki oleju do smażenia
- ⅓ szklanki mocnej herbaty Earl Grey
- 2 łyżki octu jabłkowego lub winnego

OPCJONALNIE DO PODANIA:

- cukier puder lub lukier

1. W dużej misce wymieszać wszystkie suche składniki. W wysokim naczyniu blendera zblendować wszystkie mokre składniki na gęstą, gładką masę.
2. Do suchych składników wlać mokre i wymieszać szpatułą na gładkie ciasto — nie mieszać za długo, jedynie do połączenia składników.
3. Gotową masę wylać do keksówki wyłożonej papierem do pieczenia, wsunąć do piekarnika i piec do momentu, aż patyczek wbity w ciasto będzie suchy, czyli 50–60 minut. Podawać z lukrem lub cukrem pudrem i ulubioną herbatą. Szczególnie dobrze smakuje też ze starą, poczciwą bawarką.

Pamiętajcie, że przepis na purée dyniowe czeka na s. 258. Jeśli nie macie w domu herbaty Earl Grey, użyjcie zwykłej czarnej herbaty, a nawet zastąpcie herbatę mlekiem roślinnym, a do ciasta dodajcie skórkę otartą z cytryny i mak albo mielony pieprz i ziarna wanilii, albo prażony słonecznik i żurawinę. Wszystko będzie ciekawsze niż imbir i cynamon.

UKRAIŃSKA CHAŁWA SŁONECZNIKOWA

O tym, jak ważną na Ukrainie rośliną jest słonecznik, pisałam już w poprzedniej książce przy okazji słonecznikowej pasty kanapkowej. Nie wspominałam jednak wtedy, że z ziaren słonecznika u naszych sąsiadów robi się naprawdę wiele pysznych słodyczy — chrupiące batony, czekolady oraz moją ukochaną słonecznikową chałwę. Pyszną jak izraelska, a tanią jak przysłowiowy barszcz.

NA MAŁE PUDEŁKO:

1 ½ szklanki ziaren słonecznika

¼ szklanki cukru trzcinowego
3 łyżki wody
1 łyżka oleju do smażenia
1 łyżeczka ekstraktu waniliowego
¼ łyżeczki soli

1. Porządnie rozgrzać dużą patelnię, wysypać na nią ziarna słonecznika i prażyć przez 2–3 minuty lub do momentu, aż zaczną intensywnie pachnieć i nabiorą złotego koloru.
2. Tak uprażone ziarna przesypać na talerz i na kwadrans odstawić do schłodzenia. W tym czasie do niedużego garnka dodać wszystkie pozostałe składniki i podgrzewać do momentu, aż cukier się rozpuści.
3. Uprażony słonecznik przesypać do kubeczka blendera z małym ostrzem i zblendować na drobne grudki. Wlać przygotowany syrop i ponownie zblendować, aż do uzyskania plastycznej masy.
4. Przełożyć masę do wybranego pudełka, odstawić do lodówki, a po schłodzeniu kroić i zjadać. Przechowywać w lodówce do miesiąca.

Zamiast wanilii możecie dodać do chałwy łychę kakao, szczyptę cynamonu lub po prostu przyprawę piernikową. A cukier oraz wodę możecie zastąpić dowolnym płynnym syropem w tej samej ilości — daktylowym, ryżowym, z agawy lub klonowym.

WŁOSKIE CIASTO CUKINIOWE

Pierwsze ciasto cukiniowe upiekłam lata temu na podstawie przepisu przyjaciółki mojej ciotki spod Rzymu. Następnie ta sama ciocia z włoskich magazynów kulinarnych wycięła dla mnie przepisy na kolejne wersje. Potem eksperymentowałam z czekoladową wersją, znalezioną w wielkiej księdze o czekoladzie. Później za radą Davida Lebovitza do cukiniowego ciasta zaczęłam dodawać siekane orzechy i kombinować z dodatkami. Aż w końcu opracowałam własną ulubioną wersję, której składników od lat nie zmieniam ani o łyżkę.

NA 2 MAŁE KEKSÓWKI LUB 1 DUŻĄ:

350 g cukinii (1 duża)

1 szklanka migdałów

2 szklanki mąki pszennej
1 łyżeczka proszku do pieczenia
½ łyżeczki sody
- sól

2 banany
½ szklanki cukru
1 szklanka oleju do smażenia
1 łyżeczka ekstraktu waniliowego
- skórka otarta z 1 cytryny
- szczypta soli

- oraz: olej, bułka tarta lub mielone migdały i cukier puder

1. Piekarnik rozgrzać do 180°C. Cukinię zetrzeć na grubych oczkach tarki, nie odsączać. Powinniśmy uzyskać jej 2 szklanki i tyle nam potrzeba. Migdały krótko rozdrobnić w blenderze lub posiekać na grube kawałki. W dużej misce wymieszać mąkę, proszek do pieczenia, sodę oraz szczyptę soli.
2. W wysokim naczyniu blendera zblendować banany, cukier, olej, ekstrakt waniliowy oraz skórkę z cytryny. Gęstą masę wlać do suchych składników, niedokładnie wymieszać szpatułą, po czym dodać cukinię oraz posiekane migdały i dokładnie mieszać do momentu, aż ciasto stanie się jednolite.
3. Keksówkę posmarować olejem i wysypać bułką tartą lub kilkoma łyżkami mielonych migdałów, wylać ciasto i piec przez 50–55 minut. Ostudzić i kroić w plastry, można posypać cukrem pudrem. Najlepiej smakuje z mocnym espresso.

Możecie kombinować z przyprawami do tego ciasta, świetnie smakuje też ze skórką otartą z limonki i zmielonym anyżem; wanilią i orzeszkami piniowymi lub z siekaną czekoladą i sporą szczyptą chili.

SYCYLIJSKI BIAŁY PUDDING

Wspominałam już, że Sycylia jest kulinarnym rajem dla wegetarian i wegan, prawda? Ten deser jest na to kolejnym dowodem. *Biancomangiare*, bo tak oryginalnie nazywa się ten pudding, znaczy po prostu „biała potrawa". To jeden z najstarszych tradycyjnych sycylijskich deserów, który od zarania dziejów był wegański. W każdej części wyspy przygotowuje się go trochę inaczej, ale moja ulubiona wersja pochodzi z okolic Ragusy, gdzie deser doprawiany jest skórką otartą z cytryny i sporą ilością cynamonu. Od siebie dołożyłam owocowy sos. Jak rozpusta, to rozpusta!

NA 5–7 PORCJI:

- 1 szklanka migdałów namoczonych przez 1 godzinę we wrzątku lub przez noc w zimnej wodzie
- 3 szklanki wody
- • szczypta soli

- 3 łyżki cukru
- 1 laska wanilii

- ¼ szklanki mąki pszennej

- • oraz: olej do wysmarowania foremek, pistacje lub migdały do podania

SOS:

- 1 pomarańcza

- 1 pomarańcza
- 1 cytryna

- 1–2 łyżki cukru

1. Namoczone migdały odcedzić. Włożyć do dużej miski lub do blendera kielichowego, dodać wodę oraz szczyptę soli i blendować przez 1–3 minuty, do momentu aż płyn zrobi się intensywnie biały.
2. Tak powstały płyn przecedzić przez sito wyłożone kilkoma warstwami gazy do garnka, a na koniec masę w gazie dokładnie odcisnąć — w garnku znajduje się mleko migdałowe, w gazie zaś migdałowa pulpa, którą można wykorzystać na wiele sposobów.
3. Z garnka odlać 1 szklankę mleka migdałowego i odstawić, przyda się w kolejnej części przepisu. Do garnka dodać cukier oraz ziarna z laski wanilii i zacząć podgrzewać na małym ogniu.
4. Do odlanego mleka dodać mąkę pszenną i dokładnie wymieszać trzepaczką. Kiedy mleko w garnku będzie gorące, dodać do niego mleko z mąką i intensywnie mieszać trzepaczką, wciąż podgrzewając, do momentu aż masa mocno zgęstnieje. Wyłączyć ogień pod garnkiem, kilka miseczek lub szklanek delikatnie posmarować olejem i do środka wlać pudding. Odstawić do przestudzenia, a następnie schłodzić w lodówce przez przynajmniej 1 godzinę.
5. W tym czasie przygotować sos. Jedną pomarańczę sparzyć, otrzeć z niej skórkę i zachować ją do przygotowania sosu. Następnie wycisnąć sok i z wyciśniętych części wyskrobać miąższ.
6. Sok wlać do rondelka, miąższ posiekać i dodać do soku. Wycisnąć też sok z pozostałych dwóch cytrusów, wlać do rondelka, dodać cukier i gotować przez 10–12 minut, aby sos znacznie się zredukował.
7. Schłodzone puddingi delikatnie wyjmować, podawać z łyżeczką sosu oraz siekanymi pistacjami lub migdałami.

Z migdałów, które zostaną po przygotowaniu mleka migdałowego, najprościej zrobić twarożek. Wystarczy dodać do nich odrobinę mleka migdałowego, 3–4 łyżki soku z cytryny i wybrane dodatki — w wersji słodkiej cynamon, wanilię, syrop z agawy lub rodzynki, a w wersji wytrawnej sól, pieprz, koperek oraz płatki drożdżowe.

MAGICZNY MUS CZEKOLADOWY

Sama nie wiem, od czego zacząć, pisząc o tym musie, więc zacznę od początku. Francuski tenor i domorosły wegański szef kuchni Joël Roessel od dawna poszukiwał pomysłu na wegańską bezę. Tak bardzo o tym marzył, że pewnego dnia postanowił spróbować ubić wodę z ciecierzycy i odkrył, że ubija się ona tak samo jak białka jajek. Kiedy ogłosił swoje odkrycie na Facebooku, internet oszalał. Zaczęto masowo ubijać ją do deserów, dodawać do naleśników i kręcić z niej majonezy. Wkrótce potem magiczny składnik przebadano i nazwano aquafabą. Najlepszy sposób na oswojenie się z nim to przygotowanie wegańskiego, puszystego, czekoladowego musu. Wystarczy ubić aquafabę, połączyć ją z roztopioną czekoladą i gotowe. Aż żal pomyśleć, ile razy wylaliście ją do zlewu.

NA 4–6 PORCJI:

150 g gorzkiej czekolady

½ szklanki aquafaby

- łyżka cukru pudru, opcjonalnie
- szczypta soli

1. Czekoladę roztopić w kąpieli wodnej lub w mikrofalówce. W tym pierwszym wypadku w niedużym garnku zagotować wodę, na garnku położyć metalową miseczkę w taki sposób, aby nie dotykała dnem wrzątku. Do miseczki wsypać posiekaną czekoladę i energicznie ją mieszać do momentu, aż się roztopi. Gdy będzie płynna, wyłączyć gaz, wylać wodę, a na garnku pozostawić miseczkę.
2. Wodę z ciecierzycy wlać do miski, dodać sól i mikserem ubijać przez 5 minut na sztywną pianę. Nie przerywając ubijania, dodać cukier, a na koniec przestudzoną rozpuszczoną czekoladę i delikatnie wymieszać szpatułką.
3. Mus przelać do filiżanek lub pucharków i włożyć na 1 godzinę do lodówki. Podawać ze startą czekoladą, świeżymi owocami lub ulubioną konfiturą.

Ilość aquafaby użyta w tym przepisie odpowiada ilości zalewy z jednej puszki ciecierzycy (400 ml). Jeśli jednak nie lubicie używać warzyw z puszki, możecie sięgnąć po gotowaną ciecierzycę sprzedawaną w słoikach. A jeśli mimo wszystko wolicie ciecierzycę gotować samodzielnie, możecie użyć domowej aquafaby — wystarczy, że wodę po ciecierzycy zredukujecie o połowę, aby lekko się zagęściła. Moim zdaniem jednak najlepiej spróbować tej metody dopiero za drugim lub trzecim razem, kiedy będziecie wiedzieć, jak obchodzić się z aquafabą. Pamiętajcie też, aby należycie traktować czekoladę — powinna być letnia, ale wciąż płynna. Jeśli będzie za ciepła, piana za bardzo opadnie, a jeśli będzie za zimna, w musie powstaną grudki. Nie należy się tym jednak za bardzo stresować, bo w obydwu wypadkach mus i tak będzie pyszny.

GRUSZKA STICKY RICE

Kiedy podróżowałam po Tajlandii, na Instagramie wciąż zadawano pytania o to, kiedy na blogu pojawi się przepis na słynne mango sticky rice, czyli słodki kleisty ryż podawany z przekrojonym dojrzałym mango. Specjalnie zachowałam ten przepis do książki, bo podobnie jak o zielonym curry, można by napisać o nim osobny tom, a przynajmniej cały rozdział. Mówiąc całkiem wprost, często chce mi się płakać, gdy widzę, jak bezcześci się sticky rice w różnych knajpach. Ryż jest przesłodzony i bez dodatku soli; jest albo za suchy, albo wręcz pływa w kokosowym mleku, przez co najbardziej przypomina mi przedszkolny ryż na mleku, na którym ktoś położył kilka smętnych kostek mango. Sticky rice to deser, w którym tkwi cały duch tajskiej kuchni, czyli dbałość o kontrast i balans smaków. Ryż ma być mocno słodki, wyraźnie kokosowy i lekko słony. Kremowy, aksamitny i zwarty, ale wprost napompowany mleczkiem kokosowym. Każdy kęs ma rozpływać się w ustach i najpierw uwalniać na języku słodycz, a po chwili niespodziewanie łamać się słonością. Ma wyglądać niepozornie, a uzależniać. I przede wszystkim na wierzchu powinno leżeć całe, przekrojone na pół żółte mango, które ma niewiele wspólnego z mango dostępnym w Polsce. Żółte mango jest miękkie, słodkie jak miód i co najważniejsze — nie ma włókien. Dlatego właśnie do deseru używam dojrzałej, równie miękkiej i słodkiej gruszki.

NA 5–6 PORCJI:

- 1 ¼ szklanki ryżu kleistego, namoczonego w wodzie przez przynajmniej 6 godzin

- 1 puszka mleczka kokosowego
- ⅓ szklanki cukru
- ¼ łyżeczki soli

- ⅛ łyżeczki soli

DO PODANIA:

- 4 dojrzałe gruszki

1. Przygotować spory garnek, którego średnica będzie podobna do średnicy durszlaka, tak aby durszlak można było położyć na garnku. W garnku zagotować dużo wody, ale nie na tyle, aby durszlak jej dotykał. Durszlak wyłożyć papierem do pieczenia i ponakłuwać w wielu miejscach.

2. Namoczony ryż odcedzić, zalać wodą, wypłukać i wodę odlać. Czynność powtórzyć trzy razy.

3. Gdy woda w garnku się zagotuje, ryż wrzucić do durszlaka wyłożonego ponakłuwanym papierem, przykryć pokrywką i gotować na parze do miękkości, czyli przez 25–40 minut, co jakiś czas mieszając, aby równo się ugotował.

4. W tym czasie otworzyć puszkę mleczka kokosowego i odmierzyć z niego szklankę. Tę ilość wlać do małego garnka razem z cukrem oraz solą i podgrzewać aż do rozpuszczenia się cukru.

5. W osobnym rondelku zagotować pozostałe mleczko z solą i gotować na niedużym ogniu przez 5–6 minut, aby odparował nadmiar wody.

→
CIĄG DALSZY PRZEPISU
NA NASTĘPNEJ STRONIE

←

6. Ugotowany na parze gorący ryż przełożyć do miski i dodawać po łyżce ugotowanego mleczka z cukrem i solą, delikatnie mieszając silikonową szpatułą, aby całe wmasować w ryż i nie uszkodzić jego ziaren.

7. Kiedy całe mleczko wmiesza się w ryż, można serwować deser. Na talerzyk nakładać porcję ryżu, rozpłaszczać łyżką, a na to kłaść połówki obranej i pozbawionej gniazda nasiennego gruszki. Oblać łyżką zredukowanego mleczka z solą i podawać. Dokładki dawać tylko tym osobom, które najbardziej lubimy.

Ten deser to naprawdę prościzna — jeśli kupicie już worek kleistego ryżu i przygotujecie go, następnym razem będziecie mogli to zrobić z zamkniętymi oczami. Zadbajcie tylko, aby ryż ugotowany na parze był bardzo miękki, a mleczko kokosowe dobrej jakości. I już po pierwszym kęsie zrozumiecie, dlaczego ten deser pokochali wszyscy na całym świecie.

VIETNAM

PUDDING KUKURYDZIANY

Jednym z najpopularniejszych deserów w całym Wietnamie są *chè* — czyli luźno związane ze sobą desery w formie budyniu, kisielu, galaretek, słodkiej zupy lub puddingu. Od europejskich słodkości odróżnia je to, że niemal wszystkie są wegańskie, a także że często do ich przygotowania wykorzystuje się fasolę mung, fasolę adzuki, bataty, ziemniaki lub właśnie ziarna kukurydzy. I uwierzcie mi, że połączenie słodkiej kukurydzy z mleczkiem kokosowym przestaje dziwić już po pierwszym kęsie, kiedy zaczynacie się rozglądać za dokładką.

NA 4–6 PORCJI:

PUDDING:

- ½ szklanki ryżu kleistego
- 2 szklanki wody
- 1 kolba kukurydzy
- 1 laska wanilii
- ½ szklanki mleczka kokosowego z puszki
- 1 łyżeczka cukru trzcinowego
- ¼ łyżeczki soli

SOS KARMELOWY:

- ½ szklanki cukru trzcinowego
- 2 łyżki wody
- ½ szklanki mleczka kokosowego z puszki
- 2 łyżki oleju kokosowego, dowolnego
- ¼ łyżeczki soli

1. Ryż trzy razy wypłukać, po czym zalać zimną wodą i zostawić do namoczenia na przynajmniej 30 minut. W tym samym czasie przygotować słodki kukurydziany wywar.
2. Kolbę kukurydzy postawić w misce, mocno opierając o dno. Ostrym nożem ściąć ziarna, pozostawić je w misce, a kolbę przekroić na dwie części i włożyć do niedużego garnka. Laskę wanilii przekroić, wyskrobać ze środka ziarenka. Do garnka z połówkami kolby wlać wodę, ziarenka wanilii oraz laskę wanilii i gotować pod przykryciem na małym ogniu przez 30 minut.
3. Kukurydziany płyn odcedzić przez sito i zachować. Odmierzyć 1 ½ szklanki, wlać z powrotem do garnka.
4. Do garnka ze słodkim kukurydzianym wywarem dodać namoczony i odcedzony ryż. Gotować 10–15 minut bez przykrycia, nieustannie mieszając.
5. Do ryżu dodać mleko kokosowe, cukier, sól oraz odłożone ziarna kukurydzy. Całość gotować 5–6 minut, co jakiś czas mieszając.
6. Na koniec przygotować karmelowy sos kokosowy. Do małego rondelka wlać wodę oraz wsypać cukier i nie mieszając, podgrzać do temperatury 170°C — dobrze być uważnym, bo nawet 5 stopni różnicy może sprawić, że sos będzie gorzki.
7. Kiedy mieszanka stanie się odpowiednio gorąca, zdjąć rondelek z ognia i wlać olej kokosowy, resztę mleczka kokosowego oraz dodać sól — nawet jeśli cukier zbił się w zwartą bryłę, nie należy się tym przejmować. Postawić na ogniu i wciąż mieszać, aż do uzyskania gładkiego sosu.
8. Gotowy pudding nakładać do małych miseczek, podawać z łychą sosu. Pozostały sos przełożyć do słoiczka, trzymać w lodówce nawet przez miesiąc.

Jeśli nie macie ochoty robić karmelowego sosu, który wymaga skupienia oraz użycia termometru cukierniczego, po prostu zagotujcie mleczko z łyżką cukru oraz sporą szczyptą soli.

GRUSZKI Z TAJSKĄ BAZYLIĄ

Jeden z najbardziej klasycznych francuskich deserów to *poire à la Beaujolaise*, czyli gruszka przyrządzona metodą z winiarskiego regionu Beaujolaise. W oryginale gruszki gotowało się w syropie z czerwonego wina, czasem z dodatkiem goździków i cynamonu, czasem anyżu i skórki otartej z cytrusów, a czasem wanilii oraz pieprzu. Moje ulubione połączenie wywraca ten przepis do góry nogami, łącząc tradycyjną francuską recepturę z… tajską bazylią i kawałkiem chili.

NA 4 PORCJE:

- 2 szklanki czerwonego wina, wytrawnego i lekkiego w smaku
- ¾ szklanki cukru trzcinowego
- 1 laska cynamonu
- 4 goździki
- 2 ziarna pieprzu

- 4 gruszki, małe i miękkie (650 g)

- garść świeżych liści tajskiej bazylii
- kilka plasterków papryczki chili

OPCJONALNIE DO PODANIA:

- śmietanka kokosowa lub gałka kwaśnego sorbetu, na przykład malinowego

1. Do średniego rondelka wlać wino, dodać cukier, cynamon, goździki oraz pieprz i podgrzewać na niedużym ogniu aż do rozpuszczenia się cukru.
2. W tym czasie gruszki delikatnie obrać, pozostawiając ogonek. Kiedy cukier się rozpuści, włożyć gruszki do garnka w taki sposób, aby całe były przykryte winnym syropem. Gotować na średnim ogniu do czasu, aż gruszki staną się miękkie, ale będą wciąż zwarte, czyli przez 18–25 minut, w zależności od dojrzałości gruszek i szybkości parowania płynu z garnka.
3. Na sam koniec dodać kilka plasterków chili, garść liści bazylii, wymieszać i podgrzewać ostatnie 30 sekund. Gruszki podawać z odrobiną winnego syropu, opcjonalnie z kleksem kokosowej śmietanki lub z gałką kwaśnego sorbetu.

Pamiętajcie, że tajską bazylię można mrozić — jeśli macie zapasy mrożonej, śmiało jej użyjcie, albo kupcie większą porcję do tego deseru, a nadmiar zamroźcie do przyrządzenia zielonego curry (s. 175). Reszty syropu pozostałego z gotowania gruszek nie wylewajcie — trzymajcie go w lodówce i podawajcie do naleśników, lodów i innych deserów. Można przechowywać go nawet przez kilka tygodni.

ANKO

Żeby opisać prostotę, minimalizm i dążenie do doskonałości w kuchni japońskiej, nie potrzeba wielu słów. Wystarczy zrobić anko, czyli słodką konfiturę z fasoli adzuki, która jest podstawą większości japońskich deserów. Faszeruje się nią ciasteczka, pierożki lub drożdżówki; smaruje się nią placuszki, naleśniki i gofry; wkłada do zup, budyniów oraz kisieli; a leniwi japońscy studenci po prostu nakładają ją na chrupiącego tosta. I chociaż często pozwalam sobie na drobne zmiany oraz twisty w przepisach, tym razem nie miałoby to sensu. W anko zawiera się całe kulinarne dziedzictwo Japonii, a każdy jej kęs opowiada o kulturze Kraju Kwitnącej Wiśni. Mówiąc zaś bardziej przyziemnie, anko jest też zaskakująco proste i pyszne.

NA 1 DUŻY SŁOIK:

1 szklanka fasoli adzuki
¾–1 szklanka cukru

1. Fasolę wsypać do garnka, zalać wodą, tak aby zostały przykryte ziarna, i zagotować. Gotować 5 minut bez przykrywki, następnie fasolę odcedzić i przełożyć z powrotem do garnka.
2. Ponownie wlać wodę, zagotować, gotować 5 minut bez przykrywki i odcedzić.
3. Wlać dużo świeżej wody, powinno być jej tyle, aby dwukrotnie przewyższała poziom fasoli. Gotować bez przykrycia przez 45–60 minut — fasola powinna lekko się rozpadać i powinny oddzielić się od niej skórki. Odcedzić, wrzucić do garnka razem z cukrem i gotować na małym ogniu przez 10–15 minut — anko jest gotowe, gdy można łyżką przedzielić je na pół, tak że łyżka pozostawi ślad po sobie. Ostudzić, a następnie przełożyć do plastikowego pojemnika lub słoika i trzymać w lodówce nawet do 2 tygodni.

Gotowe anko potraktujcie tak jak nutellę — czyli posmarujcie nią kanapkę, rogalika, grzankę lub gofra. I pamiętajcie, że anko można zrobić tylko i wyłącznie z fasoli adzuki — ta odmiana jest lekko słodka, delikatna w smaku i łatwo się gotuje. Dlatego nie próbujcie podmieniać fasoli na inną, tylko zaopatrzcie się w adzuki w ulubionym sklepie internetowym. A jeśli nie jesteście przekonani do pomysłu na słodką pastę z fasoli, obejrzyjcie film Kwiat wiśni i czerwona fasola. *Być może nabierzecie na nią ochoty, a z całą pewnością porządnie się wzruszycie.*

LODY Z MASŁEM ORZECHOWYM I CURRY

Kilka tygodni spędzonych w San Francisco należało do najsmaczniejszych w moim życiu. Dzięki anielskiemu sercu moich znajomych Kasi i Adama mieszkałam w ich domu na Mission tuż obok słynnej Tartine, więc na śniadanie jadłam kanapki na najlepszym chlebie, na obiad opychałam się taco lub burrito, a kolację często jadałam na trawie w parku Dolores. Ach, to był dobry miesiąc. Jednak najlepiej z tego pobytu wspominam właśnie lody. Oprócz tego, że można tam znaleźć mnóstwo lodów wegańskich i że wszystkie robione są z najlepszych składników, to lodziarnie ścigają się w tworzeniu nowych, nieprzyzwoicie pysznych połączeń, co tydzień ogłaszając mrożone objawienie. A moim ukochanym okazał się właśnie smak masła orzechowego i curry.

NA 1 DUŻE PUDEŁKO LODÓW:

2 puszki mleczka kokosowego
8 łyżek masła orzechowego
½ szklanki cukru trzcinowego
½ łyżeczki przyprawy curry
½ łyżeczki soli morskiej

1 łyżeczka mąki ziemniaczanej lub ryżowej

1. Do średniego rondelka włożyć wszystkie składniki poza mąką i podgrzewać na średnim ogniu, co jakiś czas delikatnie mieszając. Kiedy płyn będzie ciepły, dodać mąkę i dokładnie wymieszać trzepaczką oraz podgrzewać dalej, do momentu aż zacznie bulgotać. Wtedy wyłączyć ogień.
2. Masę lodową przelać do pudełka na lody i odstawić do całkowitego wystudzenia, a następnie schować do zamrażarki. Przez 4 godziny co pół godziny wyjmować pudełko i mieszać zamarzającą masę łyżką, zaczynając od brzegów, tam gdzie zamarza najszybciej. Im lepiej i dokładniej będzie pomieszana masa, tym lepsze wyjdą lody. Po wyjęciu z zamrażarki pozostawić na 15 minut w temperaturze pokojowej, a potem zjadać — można prosto z pudełka i bez żadnych dodatków.

Mieszanie lodów jest dość uciążliwe, ale to właśnie od tego kroku zależy ich puszystość. Jeśli macie NAPRAWDĘ mocny blender, możecie trochę oszukać i skrócić ten proces o połowę — wystarczy, że zamrożone lody wyjmiecie, poczekacie kwadrans, a następnie pokroicie w kostkę i rozdrobnicie blenderem. Mówiąc szczerze, ja z reguły wybieram tę opcję.

KOMPOT MARCHEWKOWY Z RABARBAREM

ROSYJSKI GRZANIEC JEŻYNOWY

KAWA PO ISLANDZKU

MROŻONA KAWA Z ALGIERII

ARABSKI NAPÓJ MORELOWY

ZŁOTE MLEKO

MASALA CHAI NA RANO I NA WIECZÓR

NAPAR Z TRAWY CYTRYNOWEJ

KOREAŃSKI NAPAR Z PRAŻONEGO RYŻU

HORCHATA

KARAIBSKI PONCZ MARCHEWKOWY

NAPOJE

KOMPOT MARCHEWKOWY Z RABARBAREM

Niektórym osobom kompoty kojarzą się z podstarzałą ciotką, barem mlecznym oraz wielką nudą. Tymczasem kompot można odczarować, przygotowując go nie tylko z owoców z cukrem, ale też z warzyw. Spróbujcie połączyć agrest z pasternakiem, jeżyny z burakiem albo tak jak poniżej — rabarbar ze słodką marchewką.

NA 4–6 PORCJI:

3 łodygi rabarbaru (500 g)
½ marchewki (125 g)
1 kawałek imbiru, około 3 cm
4 suszone daktyle, bez pestek

2 litry wody

1. Rabarbar pokroić w plasterki, marchewkę obrać i zetrzeć na tarce, imbir oraz daktyle drobno posiekać.
2. Tak przygotowane składniki włożyć do średniego garnka, wlać wodę i gotować pod przykryciem przez 15–20 minut. Podawać na gorąco lub na zimno, a nawet z kostkami lodu.

Do tego kompotu możecie dorzucić też skórkę z cytryny lub z pomarańczy.

ROSYJSKI GRZANIEC JEŻYNOWY

Zbiteń **to stary rosyjski napój, który był najpopularniejszym napitkiem do chwili pojawienia się w Rosji kawy oraz herbaty w XIX wieku. Jego historia sięga XII wieku, a dawne receptury zalecają zagotowanie dziurawca, szałwii, liści laurowych oraz kawałków ostrej papryki, następnie zaś dosłodzenie wrzątku miodem oraz konfiturami. Późniejsze przepisy są trochę bardziej wyważone, a najbardziej lubię te z kwaśnymi, cierpkimi przetworami z jeżyn.**

NA 4–5 PORCJI:

- 1 szklanka jeżyn, mrożonych
- 2 łyżki syropu klonowego
- 1 laska cynamonu
- ½ łyżeczki goździków
- ½ łyżeczki imbiru, sproszkowanego
- 1 liść laurowy
- • szczypta soli
- 1 litr wody

1. Wszystkie składniki wrzucić do garnka, wlać wodę, przykryć i gotować przez 10–15 minut. Po tym czasie przecedzić przez sitko i rozlać do kubków.

Zamiast mrożonych jeżyn możecie użyć ½ szklanki dżemu jeżynowego i wtedy zrezygnować z dodatku syropu klonowego.

KAWA PO ISLANDZKU

Komu jak komu, ale mieszkańcom Islandii warto zawierzyć w kwestii rozgrzewających potraw oraz napoi. Jednym z najciekawszych naparów mających pomóc w walce z mrozem jest *kumenkaffi*, czyli kawa mielona i parzona z dodatkiem nasion kminku. Nie bójcie się, połączona z odrobiną cukru oraz mlekiem smakuje naprawdę delikatnie.

NA 2–4 PORCJE:

4 łyżki kawy w ziarnach lub mielonej

1 łyżeczka nasion kminku

- cukier trzcinowy oraz mleko roślinne do smaku

1. Rozgrzać niedużą patelnię, wysypać na nią kminek i prażyć przez 30 sekund, do momentu aż zacznie intensywnie pachnieć. Przesypać na talerzyk.
2. Kminek wsypać razem z kawą do młynka i zmielić — jeśli używacie mielonej kawy, możecie sam kminek zmielić lub rozetrzeć w moździerzu, a następnie tylko porządnie wymieszać z kawą.
3. Mieszanki kawy z kminkiem użyć do przygotowania kawy ulubioną metodą — w kawiarce, tygielku, french pressie lub dripperze. Do gotowej gorącej kawy wsypać odrobinę cukru trzcinowego oraz wlać mleko roślinne. Serwować po ciężkostrawnym obiedzie.

Dodatek kminku wspomaga trawienie, dlatego kumenkaffi *najczęściej podaje się po tłustych posiłkach. Jeśli kawę serwuje się po kolacji, czasem do szklanki wlewa się chlust ziołowej wódki.*

MROŻONA KAWA Z ALGIERII

Słyszeliście kiedyś o połączeniu mocnej kawy i soku z cytryny? Nie, nie wzdrygajcie się i nie przewracajcie kartki — zimna kawa z kostkami lodu, cytryną, a czasem także z rumem od ponad trzech wieków pomaga przetrwać upały w Algierii, skąd pochodzi pomysł na ten napój. Równie mocno pokochali go Portugalczycy i przywieźli do swojego kraju — a przecież znają się na kawie jak mało kto.

NA 2 PORCJE:

2 łyżki soku z cytryny
• garść lodu

½ szklanki mocnej kawy z kawiarki lub espresso

1. Dwie szklanki wypełnić do ponad połowy kostkami lodu, wlać po jednej łyżce soku z cytryny i dokładnie wymieszać. Następnie uzupełnić kawą, ponownie wymieszać i podawać.

Wspomniałam o wersji alkoholowej — jeśli macie na nią ochotę, do podanych składników dodajcie rum, ¼–½ szklanki. W tym wypadku może być tani i kiepskiej jakości.

ARABSKI NAPÓJ MORELOWY

Qamar al din to gęsty napój przygotowywany z suszonej pasty morelowej. Z reguły serwuje się go podczas ramadanu, kiedy wierni poszczą od wschodu do zachodu słońca — po całym dniu postu szybko zaspokaja głód i daje energetycznego kopa. Jest niesamowicie orzeźwiający, błyskawicznie syci oraz ma cudowną, jedwabistą konsystencję.

NA 2–4 PORCJE:

- 25 suszonych moreli
- 1 szklanka soku z pomarańczy
- 1–1 ¼ szklanki wody
- opcjonalnie kostki lodu

1. Morele włożyć do małego rondelka, zalać wodą, tak aby je przykryła, i gotować pod przykryciem przez 6–10 minut. Im dłużej będą gotowane, tym łatwiej poradzi sobie z nimi blender.
2. Morele odcedzić. Włożyć do wysokiego naczynia blendera, wlać sok pomarańczowy i zblendować na gładki krem. Następnie dolać wodę i ponownie zblendować, aż do uzyskania odpowiedniej konsystencji. Podawać od razu, także z kostkami lodu.

W podobny sposób można potraktować inne suszone owoce — daktyle połączyć z pigwą, figi z kwaśnym sokiem z aronii, a rodzynki z sokiem z cytryny.

ZŁOTE MLEKO

Kilka miesięcy temu internet oszalał na punkcie złotego mleka, czyli rozgrzewającego napoju przygotowywanego z pasty z kurkumy rozpuszczonej w mleku, a w medycynie ajurwedyjskiej korzysta się z niego od setek lat. Przekonałam się o tym na własnej skórze, kiedy w zeszłym roku rozchorowałam się w Bombaju i gospodyni, u której mieszkałam, zaordynowała mi właśnie leczenie *haldi ka doodh*, czyli złotym mlekiem. I nawet po tygodniu codziennego picia kilku kubków ten napar mi nie obrzydł — jest kremowy, odpowiednio pikantny i naprawdę stawia na nogi. A jeśli wierzyć medycynie naturalnej, działa antybakteryjnie, zwiększa odporność i pomaga w walce z wieloma chorobami.

KURKUMOWA PASTA:

- ½ szklanki kurkumy, mielonej
- 1 szklanka wody
- 1 łyżeczka czarnego pieprzu, mielonego
- 4 łyżki oleju kokosowego extra vergine

NA 2 PORCJE ZŁOTEGO MLEKA:

- 2 szklanki mleka roślinnego
- 1 łyżeczka pasty kurkumowej
- szczypta cukru trzcinowego, opcjonalnie

Pasta kurkumowa:

1. W niewielkim rondelku połączyć wszystkie składniki poza olejem kokosowym. Doprowadzić do wrzenia i gotować na niedużym ogniu, regularnie mieszając, przez 2–4 minuty lub do czasu, gdy woda odparuje i całość zmieni się w bardzo gęstą pastę.
2. Na koniec dodać olej kokosowy, zamieszać i podgrzewać jeszcze 1 minutę. Gotową pastę przełożyć do słoika i trzymać w lodówce do kilku miesięcy.

Złote mleko:

1. Do małego rondelka wlać mleko roślinne, dodać pastę kurkumową oraz cukier trzcinowy, jeśli jest używany. Doprowadzić do wrzenia i podgrzewać na minimalnym ogniu przez 1 minutę, następnie rozlać do szklanek. Najlepiej smakuje pite pod kocem.

Nie rezygnujcie z dodatku pieprzu oraz oleju kokosowego — te dwa składniki pomagają naszemu organizmowi przyswoić cenne właściwości kurkumy. Za to śmiało dorzućcie inne ulubione przyprawy, takie jak odrobina wanilii, cynamonu lub kardamonu.

MASALA CHAI NA RANO I NA WIECZÓR

W ajurwedzie, czyli systemie medycyny indyjskiej, liście czarnej herbaty uważano za jedną z roślin leczniczych. Nie były zbyt popularne do czasu, gdy w XIX wieku brytyjscy plantatorzy herbaty postanowili założyć Indian Tea Association, które miało promować spożywanie tego napoju i rozkręcić herbaciany przemysł. Jednym z promocyjnych pomysłów było zachęcanie dużych fabryk do zapewniania pracownikom przerw na darmową herbatę. Pomysł się przyjął i herbata szybko rozprzestrzeniła się na terenie Indii, jednak uliczni sprzedawcy zamiast parzyć ją w sposób sugerowany przez brytyjskich plantatorów, czyli z mlekiem oraz cukrem, chętniej parzyli ją zgodnie z zaleceniami ajurwedy. Do mocnej herbacianej esencji dodawali różne rozgrzewające przyprawy mające wzmocnić jej lecznicze działanie. W takiej wersji przetrwała do dzisiaj i zyskała nazwę masala chai, czyli po prostu herbata z przyprawami. Lubię ją tak bardzo, że opracowałam liczne własne wersje — na przykład na rano z czarną herbatą czy na wieczór z rumiankiem.

NA 1 SŁOIK MIESZANKI MASALA CHAI NA RANO:

- 2 laski cynamonu
- ⅓ łyżeczki goździków
- 14 łupin kardamonu
- 2 łyżeczki nasion fenkułu
- 6 łyżek czarnej herbaty

NA 1 SŁOIK MIESZANKI MASALA CHAI NA WIECZÓR:

- 2 laski cynamonu
- ⅓ łyżeczki goździków
- 15 liści kaffiru, suszonych
- 2 łyżeczki nasion fenkułu
- 12 łupin kardamonu
- 3 łyżki rumianku, suszonego

Mieszanka masala chai na rano:

1. Cynamon posiekać lub krótko rozkruszyć w blenderze — pod żadnym pozorem nie wkładajcie go do młynka, bo wtedy łatwo może zamienić się w pył, który będzie dodawał zbyt ostrego smaku oraz opadnie na dno słoika z mieszanką. Dorzucić goździki i ponownie krótko zmiksować.
2. Rozkruszone przyprawy wsypać do opisanego słoika i połączyć z resztą składników.

Masala chai na wieczór:

1. Cynamon posiekać lub krótko rozkruszyć w blenderze — pod żadnym pozorem nie w młynku, bo wtedy łatwo może zamienić się w pył, który będzie dodawał zbyt ostrego smaku. Dorzucić goździki i ponownie zmiksować. Na koniec dodać kaffir i jeszcze raz krótko zmiksować.
2. Rozkruszone przyprawy wsypać do słoika i połączyć z resztą składników.

→ CIĄG DALSZY PRZEPISU I SKŁADNIKÓW NA NASTĘPNEJ STRONIE

←

Jedna porcja masala chai:

1. Do małego rondelka wsypać 2 łyżki mieszanki masala chai, dodać ½ szklanki wody i doprowadzić do wrzenia. Gotować 1 minutę.
2. Dodać ⅔ szklanki mleka i gotować kolejne 3–4 minuty. Na koniec dodać cukier trzcinowy, zamieszać i odcedzić przez sitko do kubków.

NA 1 PORCJĘ MASALI CHAI:

- 2 łyżki wybranej mieszanki masala chai
- ⅔ szklanki mleka roślinnego, tłustego
- odrobina cukru trzcinowego lub syropu z agawy, opcjonalnie

Nie ma jednej wersji przepisu masala chai. W każdym mieście, w każdej dzielnicy, a nawet w każdym domu obowiązują inne receptury. Dlatego jeżeli nie macie pod ręką jakiejś przyprawy z przepisu, śmiało ją pominięcie lub dorzućcie własną. Spróbujcie najprostszego połączenia pieprzu, goździków i cynamonu; słodkawego imbiru, kardamonu i wanilii; ostrego kuminu, kolendry i cynamonu, a nawet płatków róży, szafranu i zielonej herbaty. Podpowiem jednak, że nawet jeśli nie przepadacie za koprem włoskim, jest szansa, że pokochacie jego aromat w połączeniu z mlekiem i herbatą — to mój tajny, ulubiony składnik masali.

NAPAR Z TRAWY CYTRYNOWEJ

W Azji Południowo-Wschodniej herbaty z trawy cytrynowej można kupić prawie w każdym sklepiku. Czasem jest to sam susz, czasem połączony z zieloną herbatą, a czasem też z suszonym imbirem. Jednak najlepsza wersja to ta, którą można zrobić samodzielnie w domu z resztek świeżej trawy cytrynowej, która potrzebna była do zrobienia zielonego curry (s. 175) lub laksy (s. 133). Dzięki temu nic się nie zmarnuje!

NA 2 PORCJE:

4 łodygi trawy cytrynowej

1 kawałek imbiru, około 3 cm

1. W czajniku zagotować ½ litra wody. Trawę cytrynową oraz imbir drobno posiekać i włożyć do dzbanka.
2. Zalać gorącą wodą i parzyć przez 2–3 minuty. Rozlewać do kubków.

Napar dobrze smakuje też na zimno — wtedy trawę cytrynową można zaparzyć w szklance wody, przecedzić przez sitko, a następnie dodać kostki lodu.

Nie musicie przygotowywać naparu w tym samym momencie, gdy robicie curry. Twarde resztki trawy cytrynowej, które nie przydały się do pasty curry, wystarczy włożyć do lodówki i skorzystać z nich po kilku dniach.

KOREAŃSKI NAPAR Z PRAŻONEGO RYŻU

Moja koreańska tłumaczka Krystyna, miłośniczka wszystkiego, co polskie, przez całą naszą podróż piła mnóstwo naparów, które albo przygotowywała wcześniej i troskliwie nosiła w termosie, albo też kupowała w najbliższym sklepie w formie schłodzonych napoi sprzedawanych w plastikowych butelkach. Były przyrządzone z przeróżnych ziaren, a zgodnie z wierzeniem Krystyny wszystkie zapewniały wieczną młodość oraz piękną cerę. Krysia nie mogła się nadziwić, że nie mam podobnego rytuału i co chwilę z niedowierzaniem pytała mnie, dlaczego w Polsce kobiety nie przygotowują takich naparów i co w takim razie pijemy w ciągu dnia (odpowiedź, że wodę, jej nie przekonywała). Najpierw myślałam, że przesadza, ale potem zorientowałam się, że napar *oksusucha* z prażonej kukurydzy, *boricha* z prażonych ziaren jęczmienia oraz *hyeonmicha* z prażonego ryżu jest naprawdę wszędzie — popija go pani pracująca przy kasie w sklepie, przygotowuje go pod ladą recepcjonistka w moim hotelu, parzą go w ogromnych dzbankach panie pracujące w ministerstwie oraz w punkcie ksero. Dlatego pękłam i również zaczęłam je popijać, a potem po powrocie do domu — sama je przygotowywać i za każdym razem w myślach dziękowałam Krystynie.

PRAŻONY RYŻ:

½ szklanki brązowego ryżu

Przygotowanie jednej porcji naparu:

1. Ryż położyć na sicie i kilka razy porządnie wypłukać. Następnie mocno rozgrzać dużą patelnię, wysypać na nią ryż i prażyć przez kilka minut, do momentu aż stanie się złoty i będzie intensywnie pachnieć. Wtedy zdjąć z patelni, przesypać na talerzyk, a gdy ostygnie, wsypać do słoika — można go przechowywać przez kilka miesięcy.

Przygotowanie dwóch porcji naparu:

1. W czajniku zagotować 2 szklanki wody. Do dużego dzbanka wsypać 2 łyżeczki prażonego ryżu i zalać gorącą wodą, zaparzać przez 4–5 minut, a następnie rozlać do szklanek.
2. Dobrze smakuje i na gorąco, i na zimno, dlatego najlepiej od razu przygotować napój z podwójnej porcji i część wypić na gorąco, a część wlać do butelki i trzymać w lodówce.

Cenię ten napar przede wszystkim za jego subtelną słodycz, orzechowy posmak oraz za to, że skutecznie gasi pragnienie i sięga się po niego z przyjemnością. Jeśli jednak wierzyć Koreankom, wspomaga odchudzanie i nadaje cerze blask.

HORCHATA

Horchata lub po katalońsku _orxata_ to popularny w Ameryce Południowej, Meksyku oraz Hiszpanii kremowy napój doprawiany cynamonem, podawany na zimno z kostkami lodu lub na gorąco. W zależności od kraju robi się go z ryżu, sezamu, nasion melona, migdałów lub tygrysich orzechów. Można powiedzieć, że to po prostu domowe mleko roślinne — doprawione i dosłodzone w taki sposób, że zmienia się w niezależny, wyśmienity napój.

NA 3–5 PORCJI:

1 szklanka ryżu namoczonego przez noc wraz z 1 laską cynamonu

1 szklanka mleczka kokosowego

2 kostki czekolady

6 suszonych daktyli, bez pestek

- ziarna z 1 laski wanilii

DO PODANIA:

- lód

1. Namoczony ryż oraz cynamon odcedzić i wrzucić do blendera kielichowego, miski lub wysokiego naczynia blendera. Wlać 2 szklanki wody i miksować przez 1 minutę na średnich obrotach — ryż nie powinien stać się zbyt drobny, bo wtedy w horchacie pozostanie wyczuwalny proszek.
2. Dwukrotnie przecedzić przez sito wyłożone gazą i odstawić. Czekoladę oraz daktyle posiekać. W małym rondelku podgrzać mleczko kokosowe, czekoladę, daktyle oraz wanilię i mieszać aż do rozpadnięcia się daktyli oraz zagotowania mleczka.
3. Gorące mleczko przelać do cynamonowej wody ryżowej i ponownie zmiksować. Podawać z lodem lub na gorąco, tak jak kakao.

Horchata *dotarła też w pewnym momencie do Polski, a że dotarła przez Francję, jej nazwa została spolszczona na orszadę.*

KARAIBSKI PONCZ MARCHEWKOWY

Zapewne wielu osobom Wyspy Karaibskie kojarzą się z kokosami, marakują, chlebowcem oraz innymi egzotycznymi owocami. Tymczasem nie zawsze popija się tam drinki z parasolką, a często do walki z upałem wykorzystuje się... marchewkowy poncz. Czyli sok z marchewki dobrze doprawiony cynamonem, wanilią oraz gałką muszkatołową, a na koniec połączony z kremowym mleczkiem kokosowym i kostkami lodu.

NA 3–4 PORCJE:

- 2 szklanki soku marchewkowego
- ½ szklanki mleczka kokosowego
- ¼ łyżeczki cynamonu
- szczypta gałki muszkatołowej
- ziarna z jednej laski wanilii

DO PODANIA:

- garść lodu

1. Wszystkie składniki wlać lub wsypać do szerokiego dzbanka i za pomocą blendera dokładnie zmiksować, aby wszystkie przyprawy równo połączyły się z sokiem. Następnie dodać lód, zamieszać i rozlewać do szklanek. Można podawać z parasolką.

Nie pomijajcie blendowania — w przeciwnym razie na powierzchni ponczu mogą unosić się smutne brązowe placki niewymieszanego cynamonu. Wygląda to kiepsko, smakuje jeszcze gorzej.

DOMOWY BULION W PROSZKU

BULION ULUBIONY

SOS PIECZENIOWY ZE ŚLIWKĄ

PASZTET PIECZENIOWY Z RECYKLINGU

WEGAŃSKI MAJONEZ DOSKONAŁY

MAJONEZ Z PIECZONYM CZOSNKIEM

KOREAŃSKI MAJONEZ

RYŻ Z LIŚĆMI CURRY I NERKOWCAMI

KASZA GRYCZANA ULUBIONA

PURÉE ZIEMNIACZANE Z JABŁKIEM

KIMCHI

KIMCHI Z RECYKLINGU

PURÉE Z DYNI

PRZEPISY PODSTAWOWE

DOMOWY BULION W PROSZKU

NA 1 MAŁY SŁOIK:

1 marchewka
1 pietruszka
½ selera korzeniowego
4 grzyby, suszone
6 liści laurowych
6 ziaren czarnego pieprzu
4 ziarna ziela angielskiego
2 łyżki suszonych pomidorów w proszku lub 4 suszone pomidory roztarte razem z grzybami
1 łyżeczka cebuli granulowanej
1 łyżeczka lubczyku, suszonego
1 łyżeczka natki pietruszki, suszonej
1 ½ łyżeczki soli

NA 1 LITR BULIONU:

1 łyżka mieszanki
½ łyżeczki oliwy lub oleju, dowolnego

1. Warzywa wyszorować i obieraczką zobierkować na paseczki. Włożyć obierki do suszarki do grzybów lub wyłożyć na blachę piekarnika w taki sposób, aby na siebie za bardzo nie nachodziły. Wysuszyć na chrupiące, suche czipsy — w suszarce zajmie to całą noc, w piekarniku rozgrzanym do 50°C jakieś 2–3 godziny.

2. Suche warzywa rozetrzeć w młynku lub moździerzu na mąkę, przesypać do słoika. Następnie rozetrzeć suszone grzyby, liście laurowe, pieprz oraz ziele angielskie i dodać do warzyw. Na koniec podobnie potraktować pozostałe składniki, a całość wymieszać i przesypać do słoika.

3. Aby z domowej mieszanki otrzymać bulion, należy do 1 litra gorącej wody dodać 1 łyżkę mieszanki oraz ½ łyżeczki oliwy. Wymieszać i używać do zup, gulaszy lub potrawek.

BULION ULUBIONY

NA 2 LITRY BULIONU:

1 cebula
2 marchewki
2 łodygi selera naciowego, najlepiej z liśćmi
2 pieczarki
1 pomidor
2 łyżki oleju do smażenia
½ łyżeczki soli

1. Cebulę obrać i przekroić na pół, marchewki wyszorować i pokroić na małe kawałki, selera naciowego oraz pieczarki na mniejsze kawałki, a pomidora przekroić na pół. Na dnie dużego garnka rozgrzać olej i dodać wszystkie warzywa.

2. Smażyć przez 5–8 minut, mieszając bardzo rzadko lub wcale. Wlać 2 litry wody, dodać sól i gotować pod przykryciem przez przynajmniej 1 godzinę, a najlepiej przez 1 ½–2 godziny. Przecedzić przez sito, dokładnie odciskając, wykorzystać od razu, przechowywać w lodówce lub zamrozić w małych porcjach.

SOS PIECZENIOWY ZE ŚLIWKĄ

NA 4–6 PORCJI:

- **2 cebule**
- **2 liście laurowe**
- **4 ziarna pieprzu**
- **4 ziarna ziela angielskiego**
- **2 goździki**
- **1 łodyżka tymianku**
- **1 gałązka rozmarynu**
- **¼ laski cynamonu cejlońskiego**
- **2–3 łyżki oliwy z wytłoczyn**
- **1 marchewka**
- **1 pietruszka**
- **2 łodygi selera naciowego**
- **2 ząbki czosnku**
- **5 suszonych śliwek**
- **1 łyżeczka syropu klonowego**
- **2 łyżki koncentratu pomidorowego**
- **2 łyżki sosu sojowego**
- **1 litr bulionu warzywnego**
- **sól i czarny pieprz**

1. Cebulę pokroić w półplasterki; marchewkę, pietruszkę oraz selera naciowego w talarki; czosnek obrać i pozostawić w całości.

2. Na dnie patelni lub rondla o grubym dnie rozgrzać oliwę i dodać cebulę wraz ze wszystkimi przyprawami. Smażyć przez 1 minutę, po czym dodać pokrojone warzywa wraz z suszonymi śliwkami i czosnkiem. Utrzymując średni ogień i jak najrzadziej mieszając, smażyć przez 8–12 minut, do momentu aż warzywa zrobią się złote — celem jest uzyskanie mocno przypieczonych, rumianych warzyw oraz patelni, do której przykleiły się kawałki podsmażonych warzyw.

3. Po upływie tego czasu dodać wszystkie pozostałe składniki, intensywnie zamieszać i gotować przez 10–15 minut, do momentu aż sos zredukuje się o połowę. Wtedy sos dokładnie odcedzić na sicie do rondelka, jak najmocniej wyciskając warzywa. Gotowy sos podawać z kaszą, purée lub pieczonymi warzywami. Warzywa z sosu możecie łatwo przerobić na pasztet, przepis poniżej.

PASZTET PIECZENIOWY Z RECYKLINGU

NA MAŁĄ KEKSÓWKĘ:

- **warzywa pozostałe z przygotowywania sosu pieczeniowego**
- **1½ szklanki ugotowanej kaszy gryczanej, palonej (około ¾ szklanki suchej)**
- **1 łyżka koncentratu pomidorowego**
- **2 łyżki sosu sojowego**
- **1 łyżeczka tymianku, suszonego**
- **1 łyżeczka kolendry, mielonej**
- **½ łyżeczki pieprzu ziołowego**
- **½ łyżeczki imbiru, sproszkowanego**
- **sól i czarny pieprz**
- **¾ szklanki prażonych pestek dyni, zmielonych**
- **¼ szklanki oleju do smażenia**
- **oraz: olej i bułka tarta lub mielone orzechy do przygotowania foremki**

1. Piekarnik rozgrzać do 200°C. Z warzyw wyłowić przyprawy. Następnie wszystkie składniki poza olejem oraz pestkami włożyć do miski i zblendować na gęstą, gładką masę. →

2. Dodać olej oraz pestki dyni, ponownie zblendować i doprawić solą oraz pieprzem do smaku.

3. Keksówkę wysmarować olejem i wysypać obficie bułką tartą. Przełożyć do niej masę pasztetową i starannie wyrównać. Delikatnie posmarować olejem i piec przez 45–60 minut w piekarniku. Dokładnie wystudzić, odstawić na całą noc do lodówki, a rano kroić.

WEGAŃSKI MAJONEZ DOSKONAŁY

NA 2 DUŻE SŁOIKI:

- **½ szklanki aquafaby, czyli trochę mniej, niż z reguły uzyskujemy z jednej puszki ciecierzycy**
- **1 łyżka płatków drożdżowych**
- **2 łyżeczki octu winnego lub jabłkowego albo soku z cytryny**
- **¾ łyżeczki musztardy, sarepskiej albo dijon**
- **½ łyżeczki soli**
- **¼ łyżeczki syropu z agawy lub dowolnego innego słodzika**
- **1 ¼–2 szklanki oleju roślinnego**

1. Wszystkie składniki poza olejem umieścić w wysokim naczyniu blendera — nie może to być miska, a właśnie wysokie i wąskie naczynie, w którym składniki odpowiednio mocno i szybko się ubijają. Miksować przez 2–3 minuty na najwyższych obrotach, do czasu aż wszystko porządnie się spieni.

2. Powoli wlewać olej, wciąż miksując. Wlać tyle oleju, aby majonez odpowiednio zgęstniał, pamiętając, że dodatkowo gęstnieje po godzinie w lodówce. Gotowy majonez przełożyć do słoika, przechowywać w lodówce do tygodnia. Oraz mała podpowiedź: jeśli z jakiegoś powodu po wlaniu oleju majonez nie zgęstniał, wystarczy włożyć go na 1 godzinę do lodówki i po tym czasie jeszcze raz zblendować — tym razem zgęstnieje na pewno.

WEGAŃSKI MAJONEZ Z PIECZONYM CZOSNKIEM

NA 2 DUŻE SŁOIKI:

- **2 główki czosnku**
- **• olej, dowolny**
- **½ szklanki aquafaby, czyli trochę mniej, niż z reguły uzyskujemy z jednej puszki ciecierzycy**
- **1 łyżka płatków drożdżowych, opcjonalnie**
- **2 łyżeczki octu winnego lub jabłkowego albo soku z cytryny**
- **¾ łyżeczki musztardy, sarepskiej albo dijon**
- **½ łyżeczki soli**
- **¼ łyżeczki syropu z agawy lub dowolnego innego słodzika**
- **1 ¼–2 szklanki oleju roślinnego**

1. Piekarnik rozgrzać do 200°C. Główki czosnku obrać z wierzchnich białych łusek, odciąć kawałek góry główki — chodzi o to, aby widoczne było białe wnętrze ząbków. Skropić olejem, zawinąć w folię aluminiową i piec przez 45–55 minut.

2. Po tym czasie wyjąć z piekarnika, rozwinąć z folii, przestudzić, a następnie wycisnąć ząbki z łupinek.

3. Wyciśnięte ząbki czosnku wraz ze wszystkimi składnikami poza olejem umieścić w wysokim naczyniu blendera — nie może to być miska, a właśnie wysokie i wąskie naczynie, w którym składniki odpowiednio mocno i szybko się ubijają. Miksować przez 3–4 minuty na najwyższych obrotach, do czasu aż wszystko porządnie się spieni.

4. Powoli wlewać olej, wciąż miksując. Wlać tyle oleju, aby majonez odpowiednio zgęstniał, pamiętając, że dodatkowo gęstnieje po godzinie w lodówce. Gotowy majonez przełożyć do słoika, przechowywać w lodówce do tygodnia. Oraz mała podpowiedź: jeśli z jakiegoś powodu po wlaniu oleju majonez nie zgęstniał, wystarczy włożyć go na 1 godzinę do lodówki i po tym czasie jeszcze raz zblendować — tym razem zgęstnieje na pewno.

KOREAŃSKI MAJONEZ

NA 2 DUŻE SŁOIKI:

- **½ szklanki aquafaby, czyli trochę mniej, niż z reguły uzyskujemy z jednej puszki ciecierzycy**
- **1 łyżka pasty miso**
- **2 łyżeczki octu, jabłkowego, gruszkowego lub innego albo soku z cytryny**
- **1 łyżka papryki gochugaru**
- **¾ łyżeczki musztardy, sarepskiej albo dijon**
- **½ łyżeczki syropu z agawy lub dowolnego innego słodzika**
- **1 ¼ szklanki oleju roślinnego**
- **¼–½ szklanki oleju sezamowego**

1. Wszystkie składniki poza olejem umieścić w wysokim naczyniu blendera — musi to być wysokie i wąskie naczynie, bo tylko w takim składniki odpowiednio mocno i szybko się ubijają. Miksować przez 2–3 minuty na najwyższych obrotach, do czasu aż wszystko porządnie się spieni.

2. Powoli wlewać olej, wciąż miksując. Wlać tyle oleju, aby majonez odpowiednio zgęstniał, pamiętając, że dodatkowo gęstnieje po godzinie w lodówce. Gotowy majonez przełożyć do słoika, przechowywać w lodówce do tygodnia. Mała podpowiedź: jeśli z jakiegoś powodu po wlaniu oleju majonez nie zgęstniał, wystarczy włożyć go do lodówki, wyjąć po godzinie i jeszcze raz zblendować — zgęstnieje na pewno.

RYŻ Z LIŚĆMI CURRY I ORZECHAMI NERKOWCA

NA 2 PORCJE:

- **1 szklanka ryżu**
- **1 ½ szklanki wody**
- **3 łyżki orzechów nerkowca**
- **• olej kokosowy, ewentualnie inny**
- **1 łyżka liści curry, suszonych**
- **1 kawałek skórki cytryny lub pomarańczy**
- **• sól**

1. Ryż dokładnie opłukać. Następnie na dnie niedużego garnka rozgrzać olej, dodać orzechy nerkowca i smażyć przez 1–2 minuty. Dodać liście curry oraz kawałek skórki z cytryny i smażyć przez kilka sekund, po czym wrzucić ryż i zamieszać.

2. Do ryżu dolać wodę, wsypać szczyptę soli, garnek przykryć i gotować na najmniejszym →

ogniu przez 12–16 minut — w tym czasie starać się nie zaglądać do garnka i pod żadnym pozorem nie mieszać ryżu. Częste podnoszenie pokrywki sprawi, że odmierzona przez was woda odparuje, więc ziarna będą niedogotowane; z kolei mieszając ryż, zaburzymy jego naturalny proces gotowania i ryż zacznie przywierać. Jeśli chcecie sprawdzić, czy woda odparowała, wystarczy włożyć w środek ryżu trzonek łyżki, ale nie mieszać.

3. Kiedy woda odparuje, wyłączyć ogień pod garnkiem, a ryż zostawić do momentu podania pod przykrywką. Podawać z ulubionymi sosami lub daniami curry, świetnie smakuje podsmażony następnego dnia.

KASZA GRYCZANA ULUBIONA

NA 2 PORCJE:

1 szklanka kaszy
1 ½ szklanki wody
½ cebuli, pokrojonej w grube plastry
4 grzyby, suszone
1 liść laurowy
1 goździk
1 ziarno jałowca
• sól

1. Kaszę dwukrotnie opłukać. Następnie wrzucić do niedużego garnka wraz z pozostałymi składnikami, przykryć i gotować na najmniejszym ogniu przez 14–18 minut — w tym czasie starać się nie zaglądać do garnka i pod żadnym pozorem nie mieszać kaszy. Przez częste podnoszenie pokrywki odmierzona przez was woda odparuje, więc kasza będzie niedogotowana, z kolei mieszanie kaszy sprawia, że zaburza się jej naturalny proces gotowania i zaczyna przywierać. Jeśli chcecie sprawdzić, czy woda odparowała, wystarczy włożyć w środek kaszy trzonek łyżki, ale nie mieszać.

2. Kiedy woda odparuje, wyłączyć ogień pod garnkiem, a kaszę do momentu podania zostawić pod przykrywką. Idealna do kotletów, gulaszy i potrawek.

PURÉE ZIEMNIACZANE Z JABŁKIEM

NA 2–3 PORCJE:

½ kg ziemniaków
1 jabłko
• sól
2 łyżki oleju, mój ulubiony to rzepakowy tłoczony na zimno
2 łyżki płatków drożdżowych
• spora szczypta gałki muszkatołowej
¼–⅓ szklanki mleka roślinnego, niesłodzonego i podgrzanego
• sól

1. W dużym garnku zagotować osoloną wodę. Ziemniaki obrać, nie kroić na mniejsze kawałki. Jabłko obrać, podzielić na połówki i pozbawić gniazda nasiennego. Ziemniaki wraz z jabłkiem włożyć do gotującej się wody i gotować aż do miękkości, czyli 20–30 minut, w zależności od wielkości ziemniaków.

2. Ugotowane ziemniaki oraz jabłko odcedzić, pozostawić w garnku. Do garnka dodać olej, płatki drożdżowe oraz sporą szczyptę gałki i szybko

rozgniatać praską do ziemniaków. Rozgnieść bardzo dokładnie, tak aby w garnku nie pozostała ani jedna grudka.

3. Kiedy masa ziemniaczano-jabłkowa będzie zupełnie gładka, stopniowo dodawać ciepłe mleko, wciąż ugniatając. Podawać od razu.

KIMCHI

NA DUŻY SŁOIK LUB POJEMNIK:

1 kg kapusty pekińskiej
5 łyżek soli
3 litry wody

PASTA KIMCHI:

¾ szklanki wody
2 łyżki mąki ryżowej, najlepiej z ryżu kleistego
1 łyżka cukru
½ małej rzepy
½ marchewki
½ pęczka szczypiorku, cienkiego
2 ząbki czosnku
1 kawałek imbiru, około 4 cm
3–6 łyżek papryki gochugaru
4 łyżki sosu sojowego
¼ łyżeczki soli

1. Kapustę przekroić wzdłuż na cztery części, a każdą ćwiartkę pokroić na mniejsze kawałki. Tak przygotowaną kapustę przełożyć do dużej miski, zalać wodą z solą, położyć na niej talerzyk, dociążyć go słoikiem wypełnionym wodą i odstawić na 60 minut.

2. W tym czasie zagotować wodę z mąką ryżową oraz cukrem i nieustannie mieszając, gotować przez 1–2 minuty, do czasu aż zmieni się w gęsty ryżowy kleik. Wtedy zdjąć z ognia i odstawić do przestudzenia.

3. Rzepę i marchewkę posiekać w bardzo drobne paseczki lub zetrzeć na tarce. Szczypiorek pokroić na 2–3 cm kawałki, czosnek oraz imbir bardzo drobno posiekać, a następnie dodać do kleiku wraz ze wszystkimi pozostałymi składnikami i wymieszać aż do uzyskania gęstej pasty. Wówczas dodać rzepę, szczypior oraz marchewkę.

4. Namoczoną kapustę odcedzić, bardzo dokładnie odcisnąć i przełożyć do dużej miski. Dodać pastę kimchi i dłońmi w rękawiczkach dokładnie natrzeć kapustę pastą. Przełożyć do słoika, dociążyć, aby kapusta była cała zanurzona w zalewie, lekko zakręcić i pozostawić na 3–7 dni na kuchennym blacie. Po tym czasie spróbować, czy kimchi się ukisiło, a jeśli tak, przełożyć do plastikowego pudełka i trzymać w lodówce.

KIMCHI Z RECYKLINGU

NA DUŻY SŁOIK LUB POJEMNIK:

500 g liściastych warzyw, takich jak jarmuż, rukola, liście rzodkiewki, kalafiora lub kalarepy
3 łyżki soli
1½ litra wody
500 g warzyw korzeniowych lub bulw, takich jak marchewka, seler, rzepa lub rzodkiew
½ łyżki soli
½ łyżki cukru

PASTA KIMCHI:

2 łyżki mąki ryżowej, najlepiej z ryżu kleistego
4 łyżki wody
½ pęczka szczypioru, grubego
3 ząbki czosnku
1 kawałek imbiru, około 4 cm
3–6 łyżek papryki gochugaru →

4 łyżki sosu sojowego

¼ łyżeczki soli

1. Warzywa liściaste pokroić w grube paski. Przełożyć całość do dużej miski, zalać wodą z solą, na wierzch położyć talerzyk dociążony słoikiem z wodą i odstawić na 60 minut.

2. Warzywa korzeniowe lub bulwy pokroić w kostkę, przełożyć do dużej miski, zasypać solą oraz cukrem, wymieszać i odstawić na 60 minut.

3. W tym czasie w małym rondelku zagotować wodę z mąką ryżową i gotować przez 1–2 minuty, do czasu aż zmieni się w gładki ryżowy kleik. Wtedy zdjąć z ognia i odstawić do przestudzenia.

4. Gdy minie czas moczenia warzyw, odcedzić je i opłukać. Warzywa korzeniowe odcisnąć na sicie, nie wylewając soku. Sok z warzyw przelać do szklanki, odmierzyć ¼ szklanki, dodać do kleiku i dokładnie wymieszać.

5. Imbir oraz czosnek posiekać, szczypior pokroić na mniejsze kawałki i dodać do kleiku wraz z pozostałymi składnikami. Wymieszać aż do uzyskania gładkiej pasty, a następnie całą pastę wetrzeć w odcedzone warzywa. Przełożyć do słoika, dociążyć, aby mieszanka była cała zanurzona w zalewie, lekko zakręcić i pozostawić na 3–7 dni na kuchennym blacie. Po tym czasie spróbować, czy kimchi się ukisiło i jeśli tak, przełożyć do plastikowego pudełka i trzymać w lodówce.

PURÉE Z DYNI

1. Purée z dyni to po prostu upieczona lub ugotowana dynia, zmiksowana na gładkie purée. Żeby je przygotować, wystarczy piekarnik rozgrzać do 200°C, dynię przekroić na połówki lub ćwiartki i wsunąć do gorącego piekarnika. Piec do miękkości, czyli przez około godzinę, a następnie przy pomocy łyżki pozbyć się pestek, ze skorupy wyskrobać miąższ i zmiksować.

ADRESY ULUBIONYCH SKLEPÓW

1. Allegro — www.allegro.pl
   Chyba nie muszę nikomu przedstawiać — na pewno znajdziecie tam wszystko, czego szukacie, a za kilka złotych przyjedzie to do was pod wskazany adres.

2. Evergreen
   Sklep internetowy — www.evergreen.pl
   Sklep stacjonarny w Warszawie

3. Kuchnie Orientu
   Sklep internetowy — www.kuchnieorientu.pl

4. Kuchnie Świata
   Sklep internetowy — www.sklep.kuchnieswiata.com.pl
   Sklepy stacjonarne w Warszawie, Katowicach, Krakowie, Wrocławiu, Gdańsku, Bydgoszczy, Łodzi, Poznaniu

5. Urban Vegan
   Sklep internetowy — www.urbanvegan.pl
   Sklep stacjonarny we Wrocławiu

6. VegeLabb
   Sklep stacjonarny w Warszawie

LINE
PORT
HOTEL
SINGAPORE
PENANG

LISTA PRZEPISÓW

ŚNIADANIA

MAŁE DANIA

ZUPY

DUŻE DANIA

DESERY

NAPOJE

PRZEPISY PODSTAWOWE

INDEKS

G

H

I

J

K

L

M

N

O

P

R

S

T

Z

Ż

REDAKTOR PROWADZĄCY Adam Pluszka
REDAKCJA Ewa Penksyk-Kluczkowska, Adam Pluszka
KOREKTA Agnieszka Radtke, Małgorzata Kuśnierz, Beata Wójcik
INDEKS ZESTAWIŁ Adam Pluszka
PROJEKT OKŁADKI Anna Pol
OPRACOWANIE GRAFICZNE I LITERNICTWO Zuzanna Rogatty
ŁAMANIE to/studio

ZDJĘCIA NA STRONACH 6, 9, 18–19, 264–265 © Zuza Krajewska
POZOSTAŁE ZDJĘCIA © Marta Dymek

ISBN 978-83-65586-97-1

Wydawnictwo Marginesy Sp. z o.o.
ul. Forteczna 1a, 01-540 Warszawa
tel. +48 22 839 91 27
redakcja@marginesy.com.pl
www.marginesy.com.pl

Warszawa 2017
Wydanie pierwsze

ZŁOŻONO KROJAMI PISMA Tiempos Text, Bergen Text

DRUK I OPRAWA OZGraf — Olsztyńskie Zakłady Graficzne S.A.

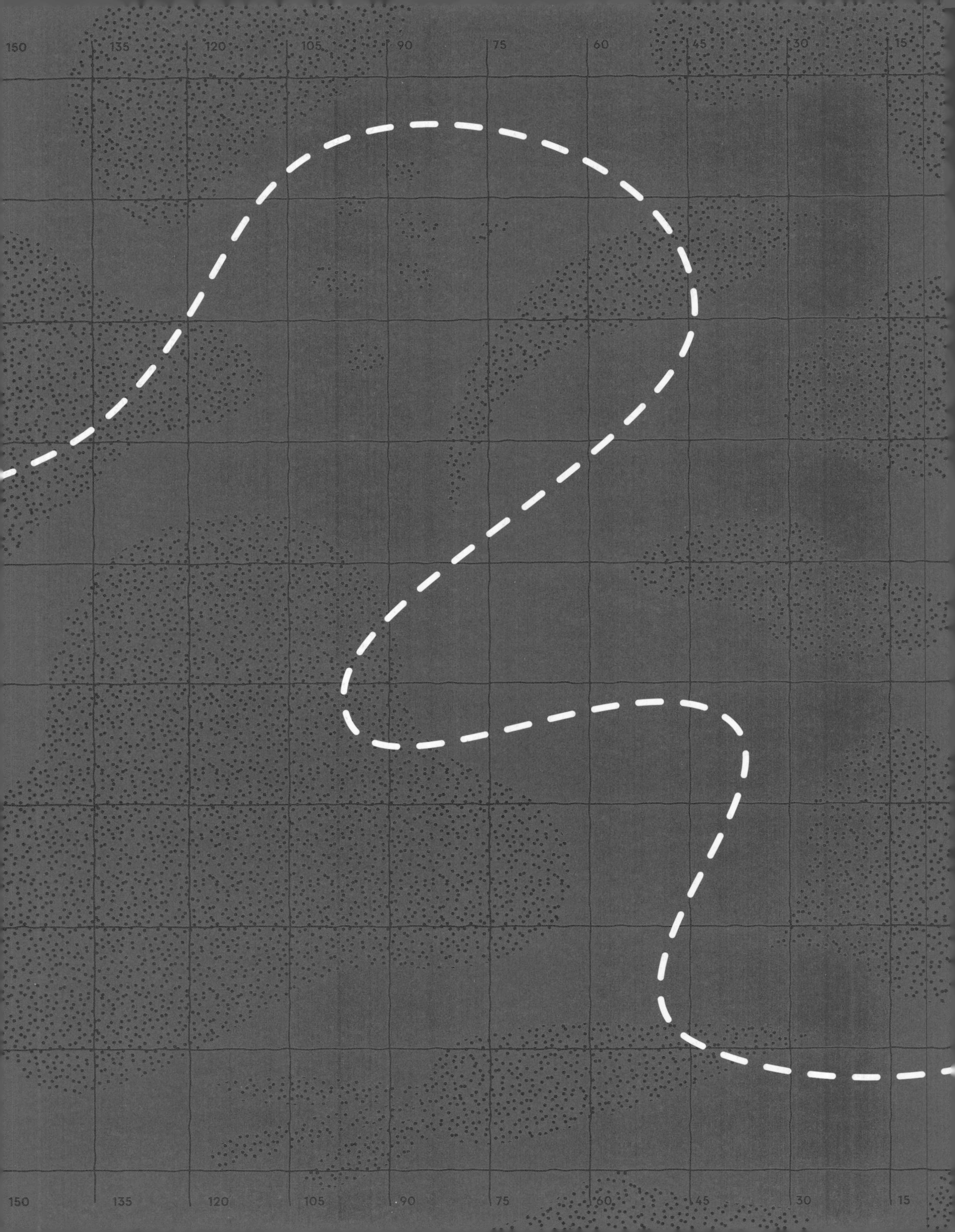
150
135
120
105
90
75
60
45
30
15